화
엄
경

구도와 보살의 길

화엄경

김지견 옮김

민족사

● 차례

일러두기

—

본《화엄경》은 60권본 화엄경(34품) 가운데, 중요한 17품을 요약하여 수록하였다. 수록한 품은 다음과 같다. 세간정안품·보살명난품·정행품·보살십주품·초발심공덕품·십행품·십무진장품·십회향품·십지품·여래수명품·보살주처품·불부사의법품·여래상해품·보현보살행품·여래성기품(여래출현품)·이세간품·입법계품이다.

구도자(보살)는
스스로 정직한 마음을 가지며
또 다른 사람으로 하여금
정직한 마음을 갖게 합니다.

제1장
세간정안품(世間淨眼品)
- 부처님의 깨달음 -

이와 같이 나는 들었다.

어느 때, 부처님께서 마가다 국의 적멸도량에 계시었다. 부처님께서 처음으로 깨달음을 이루셨을 때, 온 대지는 청정해지고 갖가지 보화(寶華)로 장식되어 있었으며 아름다운 향기가 넘쳐흘렀다. 또 부처님 주위에는 꽃다발이 둘러싸여 있었고, 그 위에는 진귀한 보석들이 뿌려져 있었다. 그리고 수많은 나무들은 잎과 가지에서 빛을 발하면서 빛나고 있었다.

그때 부처님께서는 과거·현재·미래의 진리가 모두 차

이 없이 평등함을 깨달으셨다. 그 깨달음의 지혜 광명은 모든 사람들의 몸속까지 비추었고, 미묘한 깨달음의 음성은 세계의 끝까지 들렸다. 그것은 마치 허공을 질러가듯이 아무런 장애도 받지 않았다.

부처님께서는 누구에게나 똑같이 대하는 차별 없는 평등한 마음으로 모든 사람들 가까이에 계셨으며, 그들의 마음과 행동도 알고 계셨다. 그 지혜의 빛은 모든 어둠을 사라지게 했을 뿐 아니라 무수한 부처님의 나라[佛國土]를 나타내었으며 여러 가지 방편을 써서 사람들을 교화시켰다.

부처님께서는 보현(普賢)보살과 보덕지광(普德智光)보살 등 무수한 보살들과 함께 계셨다. 이 보살들은 모두 옛날에 함께 수행한 비로자나 부처님의 벗들이며 뛰어난 덕을 완성한 이들이었다. 그들은 보살의 수행을 마쳤을 뿐 아니라 지혜의 눈이 밝아 과거·현재·미래를 통찰하고 있었다. 또한 마음은 고요히 통일되어 있었으며 한번 진리를 설하기 시작하면 광대한 바다같이 끝이 없었다.

또 모든 부처님의 세계에 있으면서 정토(淨土)를 건설

하고자 하는 원(願)을 일으켰으며, 무수한 부처님을 예배·공양하며 자신의 몸은 부처님의 공덕으로 충만해 있었다. 이처럼 많은 보살들이 부처님의 주위를 에워싸고 부처님의 시중을 들고 있었다.

그 밖에도 부처님을 호위하는 신들과 도량을 지키는 신들, 대지와 수목의 신들, 하천과 바다의 신들, 혹은 아수라(阿修羅), 라후라(羅睺羅), 긴나라(緊那羅) 아수라(阿修羅) 등의 신들과 삼십삼천왕(三十三天王)과 야마천왕(夜摩天王), 도솔천왕(兜率天王), 화락천왕(化樂天王), 타화자재천왕(他化自在天王) 등의 무수한 천신과 천왕들도 부처님의 곁에 있었다.

그들은 모두가 부처님의 가르침을 받들고 있었으며 여러 가지 방편으로 모든 사람을 교화하는 능력을 지니고 있었다. 또 수많은 천신과 천왕, 그리고 여러 보살들은 부처님의 신통력을 받고 모두가 부처님께서 깨달은 세계를 찬탄하였다.

그 가운데 낙업광명천왕(樂業光明天王)은 부처님의 신통력을 받고 다음과 같이 찬탄하였다.

"모든 부처님의 경계는 매우 깊어서 생각으로는 헤아릴 수가 없다. 부처님은 많은 중생들을 교화하여 궁극의 깨달음에 이르게 하신다. 모든 사물의 진실한 모습은 번뇌의 어지러움을 떠나서 고요히 통일되어 있으며, 어떠한 것으로부터도 장애를 받지 않는다. 또한 여래는 신통력으로써 비록 한 개의 털구멍과 같은 작은 세계에서도 중생을 위하여 위없는 진리를 설하여 주신다. 여래는 진리의 깊은 의미를 통찰하고 중생들 각각의 능력에 따라 불멸의 가르침을 비와 같이 내리시며, 그로 인해 많은 진리의 문이 열려 고요히 통일되어 있는 평등하고 진실한 세계로 중생을 이끌어 들이신다."

또 비사문야차왕(毘沙門夜叉王)은 부처님의 신통력을 입고 다음과 같이 찬탄하였다.

"중생의 죄는 깊고 무겁다. 아무리 오랜 세월이 흘러도 부처님을 만날 수가 없다. 또 미혹의 세계를 끊임없이 윤회하며 괴로움을 받는다. 부처님께서는 이 중생들을 구하기 위하여 이 세상에 출현하셨다. 부처님은 모든 중생 앞에 나타나시어 뭇 중생들의 괴로움을 뽑아 버리신다. 방편을 써서 중생의 무거운 죄와 악업의 장애를 없애고 중생을 바른 진리 속에 머물게 하신다. 부처님의 지혜는 허공과 같이 끝이 없으며, 영원불멸한 진실의 모습인 법신은 불가사의하다고 할 수밖에 없다."

이 밖에도 많은 천신(天神)과 보살들이 차례로 부처님의 신통력을 받아서 부처님의 세계를 찬탄하였다. 그때, 연화장 장엄세계는 열여덟 가지의 모습으로 진동하였다.

그리고 모든 세계의 왕들은 불가사의한 공양(供養)의 구름을 나타내어 부처님의 적멸도량 위에 비를 내렸다. 그 하나하나의 세계 안에 부처님의 도량이 있었으며, 또 부처님께서 그 각각의 도량에 앉아 계셨다. 모든 세계의 왕들은 그들의 세계에 있는 부처님을 믿고 마음을 통일하였으며, 불도를 행하고 깨달음을 열었다. 시방의 모든 세계도 이와 같았다.

제2장

보살명난품(菩薩明難品)

– 연기의 가르침 –

문수보살은 첫 번째로 각수(覺首)보살에게 물었다.

"불자여, 마음의 본성은 하나임에도 불구하고 어찌하여 이 세상은 여러 가지 차별이 있습니까? 행복한 사람이 있는가 하면 불행한 사람이 있고, 사지가 완전한 사람이 있는가 하면 불구자도 있으며, 용모가 단정한 사람이 있는가 하면 보기 싫은 사람도 있습니다. 괴로워하는 사람이 있는가 하면 즐거워하는 사람도 있습니다.

또 자신의 세계를 반성하여 보면 업(業)은 마음을 알 수 없고 마음은 업을 알지 못합니다. 감각은 그 결과를 알 수 없으며 결과는 감각을 알지 못합니다. 마음은 감각을 알지 못하며 감각은 마음을 알지 못합니다. 인(因)은 연(緣)을 알지 못하며, 연은 인을 알지 못합니다."

이에 대하여 각수보살은 다음과 같이 대답하였다.

"중생을 교화하기 위하여 그대는 이 문제를 잘 질문해 주었습니다. 나는 세계가 있는 그대로의 모습을 설하고자 합니다. 잘 들으십시오. 모든 것은 자성(自性)을 갖지 않습니다. 그것이 무엇인가 묻는다 하여도 체득할 수가 없습니다. 따라서 어떠한 것이라도 서로 알고 있지 않습니다. 예를 들면, 냇물은 흐르고 흘러서 끝이 없으나 그물 한 방울, 한 방울은 서로 알 수 없는 것과 같이 모든 것도 그러합니다.

또 큰불은 타올라 잠시도 쉬지 않지만 그 속에 있는 불꽃들은 서로 알지 못합니다. 그와 같이 모든 것은 서로 알지 못하는 것입니다. 눈과 귀와 혀와 몸과 마음 등은 괴로움을 받고 있다고 느끼고 있으나 실제로는 아무런 괴로움도 받고 있지 않습니다.

또 사물 그 자체는 항상 조금도 움직이지 않고 있으나

나타나고 있는 쪽에서 보면 항상 움직이고 있는 것입니다. 그러나 실제로 나타나고 있다고 하는 것에도 아무런 자성은 없습니다.

또 바르게 사유하고 있는 그대로 관찰하면 모든 것에 자성이 없는 것을 알 수 있습니다. 이와 같은 마음의 눈은 청정하고 불가사의합니다. 그러므로 허망이라고도 말하고, 또 허망이 아니라고도 말하며, 진실이라고도 말하며 진실이 아니라고도 말하는 것 등은 모두가 꾸며진 말에 불과한 것입니다."

문수보살은 두 번째로 재수(財首)보살에게 물었다.

"불자여, 여래가 중생을 교화하는 경우, 어떠한 까닭으로 해서 여래는 중생의 시간·수명·일체의 행위·견해 등에 따라서 교화하는 것입니까?"

그때 재수보살이 다음과 같이 답하였다.

"지혜가 밝은 사람은 항상 적멸의 행을 바라고 있습니다. 나는 있는 그대로를 그대에게 말하고자 합니다.

자신의 신체를 안으로 관찰하여 보면, 도대체 나의 몸에는 어떤 실체가 있는 것인가. 이와 같이 정확하게 관찰하는 사람은 자아(自我)가 있고 없음을 알 수가 있습니다. 이와 같이 신체의 모든 부분을 관찰하여 보면, 어디에도 자아는 존재하지 않습니다. 이와 같이 신체의 상태를 깨닫고 있는 사람은 마음의 어디에도 집착하지 않습니다.

이와 같이 신체가 있는 그대로의 상태를 깨닫고, 모든 것으로부터 공(空)을 깨달은 자는 모든 것이 허망함을 알아 다시는 그 마음에 집착하지 않습니다.

이와 같이 신체와 정신이 서로 관계하고 있고, 관련을 가지면서 활동하고 있는 모양은 흡사 타오르고 있는 불의 바퀴와 같아서 어느 것이 앞이고 어느 것이 뒤인지 식별할 수가 없습니다.

또 인연에 의하여 일어나는 업은 비유컨대 꿈과 같은 것이며 따라서 그 결과 또한 모두가 적멸한 것입니다. 또 모든 세상의 일은 다만 마음을 중심으로 하여 움직이고 있습니다. 그러므로 자기의 기호에 의하여 판단을 내리는 자는 그 견해가 잘못되어 있다고 해도 좋습니다.

또 생멸(生滅)하고 유전(流轉)하는 일체의 세계는 모두가 인연으로부터 일어나고 순간순간마다 소멸하고 있습니다. 지혜 있는 자는 존재하는 모든 것은 무상하며, 빠르게 변해가며 공(空)하고 진실한 자기[自我]는 없다고 관찰하여 집착하는 마음을 떠납니다."

문수보살은 세 번째로 보수(寶首)보살에게 물었다.

"불자여, 중생의 몸은 모두가 흙·물·불·바람[地水火風]의 네 가지 원소로 이루어져 있습니다. 따라서 그 안에 진정한 나[自我]라고 하는 실체는 없습니다.

또 모든 사물의 본성은 선(善)도 아니고 악(惡)도 아닙니다. 그럼에도 불구하고 어떠한 까닭으로 중생에게는 괴로움과 즐거움이 있고 선과 악이 있으며, 모습이 단정한 자와 추악한 자가 있습니까?"

그때 보수보살은 다음과 같이 답하였다.

"저마다 행하는 업에 따라서 과보를 받고 있는 것이며, 그 행하는 실체는 존재하지 않습니다. 이것이 모든 부처님께서 설하신 가르침입니다. 예를 들면 밝은 거울에 비치고 있는 영상이 여러 가지이듯이 업의 본성도 그와 같습니다. 혹은 식물의 종자는 서로 알지 못하는 사이에 싹을 내는 것과 같이, 업의 본성도 또한 그와 같습니다. 또 많은 새들이 저마다 다른 소리를 내는 것과 같이 업의 본성도 또한 그와 같습니다. 또 지옥에서 받는 괴로움은 밖에서 별도로 오는 것이 아닌 것과 같이 업의 본성도 또한 그와 같습니다."

문수보살은 네 번째로 덕수(德首)보살에게 물었다.

"불자여, 부처님께서 깨달은 진리는 다만 하나입니다. 그럼에도 불구하고 어떠한 까닭으로 부처님은 무량한 법(法)을 설하고 무량한 소리를 내며, 무량한 몸을 나타내는 것입니까? 또 초인적인 힘에 의하여 나타나는 여러 가지 이변(異變)을 무량하게 보여서 무량한 중생을 교화하는 것입니까? 더욱이 법성(法性) 안에서 이와 같은 차별을 구한다면 얻을 수 없는 것이 아닙니까?"

그때 덕수보살은 다음과 같이 답하였다.

"불자여, 그대의 질문은 실로 의미가 깊습니다. 지혜 있는 사람이 이것을 깨닫는다면 항상 부처님의 공덕을 구할 수 있을 것입니다. 예를 들면, 대지(大地)의 본성은 하나이면서도 모든 중생을 저마다 안주시키고 있고, 그러면서도 대지 자신은 아무런 분별도 하지 않습니다. 모든 부처님의 법도 또한 이와 같습니다.

또 불[火]의 본성은 하나이면서도 모든 것을 태워 없애지만 불 자신에게는 아무런 분별도 없는 것과 같이 모든 부처님의 법도 또한 그와 같습니다.

또 큰 바다에는 무수한 강물이 흘러 들어가고 있지만 그 맛에 있어서는 조금도 변함이 없는 것과 같이 모든 부처님의 법도 또한 그와 같습니다.

또 바람의 본성은 하나이면서도 일체의 것을 날려 보냅니다. 그러나 바람 그 자체에는 아무런 변함이 없는 것과 같이 모든 부처님의 법도 또한 그와 같습니다.

또 태양은 시방의 모든 것을 비추지만 그 빛에 차별은 없습니다. 이와 같이 모든 부처님의 법 또한 차별이 없습니다. 또 하늘의 밝은 달은 모든 사람이 똑같이 우러러 봅니다. 하지만 달은 어느 한 사람에게 마음을 두지 않는 것과 같이 모든 부처님의 법도 또한 그러합니다."

문수보살은 다섯 번째로 목수(目首)보살에게 물었다.

"불자여, 여래의 복전(福田)은 하나인데 어찌하여 중생이 받는 과보는 각기 다릅니까?

중생에게는 모습이 아름다운 자도 있고 추한 자도 있으며, 귀한 자도 있고, 천한 자도 있고, 부자도 있고, 가난한 자도 있고, 지혜가 많은 자가 있는가 하면 적은 자도 있습니다. 그러나 여래는 평등하여 친하고 친하지 않음의 분별이 없습니다. 어째서입니까?"

그때 목수보살은 다음과 같이 답하였다.

"예를 들면, 대지는 하나입니다. 친하고 친하지 않음이 없습니다. 그러나 여러 가지 식물의 싹을 트게 하는 것과 같이 복전도 또한 그와 같습니다.

또 같은 물이지만 그릇에 따라서 그 모양이 달라지는 것과 같이 모든 부처님의 복전도 중생에 의하여 달라집니다. 또 변재천(辯才天)이 사람을 즐겁게 하는 것과 같이 모든 부처님의 복전도 또한 중생을 즐겁게 합니다. 또 밝은 거울이 여러 가지 영상을 비추는 것과 같이 모든 부처님의 복전도 온갖 중생을 기릅니다. 또 태양이 떠오를 때, 모든 어둠이 사라지는 것과 같이 모든 부처님의 복전도 시방세계를 남김없이 비춥니다."

문수보살은 여섯 번째로 진수(進首)보살에게 물었다.

"불자여, 부처님의 가르침은 하나이면서도 가르침을 들은 중생은 어찌하여 똑같이 번뇌를 끊을 수가 없습니까?"

그때 진수보살은 다음과 같이 대답하였다.

"불자여, 잘 들으시오. 나는 진실한 가르침을 설하고자 합니다. 중생에게는 신속하게 해탈하는 자가 있는가 하면 그렇지 못한 자도 있습니다. 만약 미혹을 없애고 해탈에 도달하고자 생각한다면 항상 마음을 굳게 갖고 커다란 정진을 일으켜야 합니다.

예를 들면, 젖은 나무에는 불이 잘 피지 못하는 것과 같이 불법 안에서 게으른 자 또한 그와 같습니다. 한편, 불을 피울 때에도 자주자주 쉬게 되면 불길은 약해지고 이윽고는 꺼져버립니다. 게으른 자도 이와 같습니다. 결국, 게으른 자가 불법을 구한다고 하는 것은 눈을 감고 빛을 보고자 하는 것과 같습니다."

문수보살은 일곱 번째로 법수(法首)보살에게 물었다.

"불자여, 중생 가운데는 불법을 듣기만 해서는 번뇌를

끊을 수 없는 자가 있습니다. 불법을 들으면서도 탐욕을 일으키고 성내는 마음을 일으키며, 어리석은 생각을 갖고 있는 것은 어떠한 까닭입니까?"

그때 법수보살은 다음과 같이 대답하였다.

"불자여, 다만 듣기만 하여서는 불법을 체득할 수가 없습니다. 이것이 구도의 진실한 모습인 것입니다. 예를 들면, 아무리 맛있는 음식이 많이 있다 해도 입으로 먹지 않으면 굶어 죽는 것과 같이 다만 듣기만 하는 자도 또한 그와 같습니다. 또 온갖 약을 알고 있는 훌륭한 의사일지라도 스스로의 병은 고치지 못하는 것과 같이 다만 듣기만 하는 자도 또한 그와 같습니다.

또 가난한 사람이 낮과 밤을 가리지 않고 남의 보물을 세어도 스스로는 반 푼조차도 갖지 못하는 것과 같이 다만 듣기만 하는 자도 그와 같습니다. 또 장님이 그림을 그려서 남에게 보여 준다 해도 스스로는 볼 수 없는 것과 같이 다만 듣기만 하는 자도 그와 같습니다. 또 물속에 떠다니면서도 물을 마시지 못하고 드디어는 목말라 죽는 사람이 있는 것과 같이 다만 듣기만 하는 자도 또한 그와 같습니다."

문수보살은 여덟 번째로 지수(智首)보살에게 물었다.

"불자여, 불법 중에서는 지혜를 제일로 삼는데 부처님께서는 어떠한 까닭으로 네 가지 한량없는 마음[四無量心]을 찬탄하는 것입니까? 이러한 법은 최고의 깨달음을 얻을 수 있는 것입니까?"

그때 지수보살은 다음과 같이 대답하였다.

"불자여, 잘 들으십시오. 과거·현재·미래의 부처님은 다만 한 법으로는 위없는 최고의 깨달음을 완성할 수가 없습니다.

다시 말하면 여래는 중생의 성질을 잘 알아서 그때마다 적절한 법을 설하고 있습니다. 탐욕하는 중생에게는 보시(布施)를 가르치고, 바른 생활을 하지 않는 중생에게는 지계(持戒)를 가르치며, 화를 잘 내는 중생에게는 인욕(忍辱)을 가르치고, 게으른 중생에게는 정진(精進)을 가르치며, 마음이 혼란하기 쉬운 중생에게는 선정(禪定)을 가르치고, 어리석은 중생에게는 지혜를 가르치며, 사랑이 없는 중생에게는 자애(慈愛)를 가르치고, 사람을 상해

(傷害)하는 중생에게는 자비를 가르치며, 마음이 괴로운 중생에게는 기쁨을 가르치고, 애욕이 강한 중생에게는 버리는 마음[捨]을 가르칩니다.

이와 같이 실천을 계속해 간다면 이윽고는 모든 진리를 깨닫게 될 것입니다."

문수보살은 아홉 번째로 현수(賢首)보살에게 물었다.

"불자여, 모든 부처님은 다만 일승(一乘)에 의하여 생사를 초월하고 있습니다. 그럼에도 불구하고 일체의 모든 불국토(佛國土)를 관찰하여 보면 사정이 각각 다릅니다. 즉 세계·중생·설법(說法)·초월(超越)·수명(壽命)·광명(光明)·신력(神力) 등 모든 조건이 같지 않습니다. 그렇다면 모두 불법을 갖추지 않고서는 최고의 깨달음을 완성할 수 없는 것이 아닙니까?"

그때 현수보살은 다음과 같이 대답하였다.

"문수보살이여! 불법은 변하지 않는 가르침입니다. 오직 한 법[一法]일 뿐입니다. 모든 부처님은 한 길[一道]에 의하여 생사를 초월하고 있습니다. 모든 부처님의 몸은 다만 하나의 법신(法身)이며, 또 그 마음이나 지혜도 일심

(一心)이며, 하나의 지혜입니다.

그러나 중생이 최고의 깨달음을 구하는 방법에 따라서 설법과 교화도 달라집니다. 또 모든 부처님의 국토는 평등하게 장엄되어 있지만, 중생들이 쌓아온 업[宿業]은 각기 다르기 때문에 눈에 비치는 것도 같지 않습니다. 부처님의 힘은 자유자재하기 때문에 중생의 숙업이나 과보에 따라서 진실한 세계를 나타내는 것입니다."

열 번째로 모든 보살들은 문수보살을 향하여 물었다.

"불자여, 우리들이 알고 있는 것을 저마다 설하였습니다. 아무쪼록 다음에는 그대가 그 깊은 지혜에 의하여 부처님의 경계를 설하여 주십시오. 부처님의 세계라고 하는 것은 어떤 것이며, 또 그 원인은 어떤 것이며, 어떻게 하면 거기에 들어갈 수 있습니까? 또 어떻게 하면 그 세계를 알 수 있는지 가르쳐 주십시오."

그때 문수보살은 다음과 같이 대답하였다.

"여래의 깊은 세계는 흡사 허공과 같이 광대합니다. 설사 중생이 거기에 들어간다 해도 진실로는 들어가지 못하는 것과 같습니다. 세계의 원인은 오직 부처님만이 알고 있으며, 가령 부처님이 헤아릴 수 없는 오랜 세월을 설법하신다고 해도 그 모든 것을 다 설할 수는 없을 것입니다. 부처님께서 중생을 해탈시키고자 할 때에는 중생의 마음이나 지혜에 따라서 불법을 설하십니다. 그리고 아무리 설하여도 불법은 다하지 않습니다.

이와 같이 부처님은 중생의 능력에 따라서 자유자재하게 설하여 무수한 중생의 세계에 들어가시지만 부처님의 지혜는 항상 맑고 고요합니다. 이것은 오직 부처님만의 세계인 것입니다. 부처님의 지혜는 과거·현재·미래에 걸림이 없으며 그 세계는 마치 허공과 같습니다.

부처님의 세계는 업(業)도 아니고 번뇌도 아니며 적멸(寂滅)도 아닙니다. 또 의지할 곳도 없습니다. 그러나 평등하게 중생의 세계에서 활동하고 있습니다. 일체 중생의 마음은 과거·현재·미래 안에 있고 부처님은 단 한 생각[一念]만으로 중생의 마음을 낱낱이 분명하게 압니다.”

문수보살이 이와 같이 설했을 때, 부처님의 신통력에 의하여 이 사바세계에 있는 모든 중생의 숙업과 신체·

능력·지계(持戒) 등의 각기 다른 상태가 나타났다. 이와 마찬가지로 시방의 무량 무수한 세계에 있는 중생의 차별도 분명하게 나타났다.

제3장
정행품(淨行品)
- 청정한 믿음의 실천 -

그때 지수(智首)보살이 문수보살을 향하여 말하였다.

"불자여, 보살이 어떻게 하면 청정해지며, 사물[法]의 영향을 받지 않는 청정한 몸과 말과 뜻의 3업(三業)을 얻을 수 있습니까? 또 보살이 어떻게 하면 지혜를 완성하고 두려움을 모르는 믿음을 가져 구도의 결의를 굳게 할 수가 있습니까?

또 보살의 가장 뛰어난 지혜와 불가사의(不可思議), 불가칭(不可稱), 불가설(不可說)의 지혜라고 하는 것은 어떠한 것입니까? 보살이 어떻게 하면 방편의 힘과 선정(禪

定)의 힘을 갖출 수 있습니까? 보살이 어떻게 하면 연기의 이법(理法)을 깨닫고, 또 공의 삼매[空三昧]와 모양이 없는 삼매[無相三昧]를 행할 수가 있습니까? 보살이 어떻게 하면 지혜를 완전하게 하는 여섯 가지 수행[六波羅蜜]과 모든 중생에게 은혜를 베풀고자 하는 네 가지의 한량없는 마음[四無量心]을 성취할 수 있습니까?

또 보살이 어떻게 하면 모든 천왕(天王), 용왕(龍王), 귀신왕(鬼神王), 범천왕(梵天王) 등의 수호를 받고, 또 공경을 받을 수 있게 됩니까? 보살이 어떻게 하면 중생을 위한 안락한 집이 되고 구호하는 손이 되며, 등불이 되고 교화하는 손이 될 수 있습니까? 보살이 어떻게 하면 일체 중생의 안에서 비교가 되지 않을 만큼 뛰어난 자가 될 수 있습니까?"

그때 문수보살이 지수보살에게 대답하였다.

"불자여, 그대의 물음은 매우 훌륭합니다. 중생을 사랑하고 중생에게 은혜를 베풀기 위하여 그대는 매우 훌륭한 질문을 하였습니다.

불자여, 만약 보살이 청정하여 사물의 영향을 받지 않

는 몸[身]과 말[口]과 뜻[意]의 3업(三業)을 성취하면 보살은 뛰어난 덕을 얻을 것입니다.

그때 보살은 부처님의 바른 가르침과 마음이 일치할 것이며, 부처님께서 가르친 최고의 깨달음을 스스로 나타낼 수 있으며 중생을 버리지 않고, 분명하게 모든 사물의 실상(實相)에 도달하여 모든 악을 없애고 모든 선을 갖추어, 일체의 모든 사물에 자유자재하게 될 것입니다.

불자여, 보살이 청정하여 사물의 영향을 받지 않는 몸과 말과 뜻의 3업을 성취하여 모든 것에 뛰어난 덕을 얻는다고 하는 것이 무슨 뜻인가 하면 다음과 같습니다.

보살은 마땅히 이렇게 원을 세워야 합니다. 즉 보살이 집에 있을 때에는 집에서의 온갖 고난을 버리고 인연이 공(空)함을 체득해야 합니다. 부모를 섬길 때에는 양친께서 깊은 안심을 얻을 수 있게 해야 합니다. 처자와 권속이 모였을 때는 원수든 원수가 아니든 모두 평등하게 대해야 하며, 애욕의 탐착으로부터 떠나야 합니다.

다섯 가지 욕망[五欲]을 만났을 때에도 탐욕과 미혹을 버리고 덕이 갖추어지도록 해야 합니다. 음악이나 춤을

감상할 때는 최고의 진리에 접한 기쁨을 얻어 모든 것은 환상과 같은 것이라고 깨달아야 합니다. 침실에 있을 때에는 애욕을 떠나서 맑은 경지에 나아가야 합니다. 아름다운 옷을 입을 때에는 거기에 집착하는 마음을 버리고 진실한 세계에 이르도록 해야 합니다. 높은 곳에 올랐을 때에는 불법의 높은 곳에 오른다고 하는 생각으로 모든 것을 보아야 합니다.

타인에게 보시할 때에는 모든 집착을 버리고 밝은 마음으로 보시를 하고, 법회에 참석하였을 때에는 깨달음을 성취하며, 모든 부처님의 법회가 되도록 노력해야 합니다. 재난(災難)을 만났을 때는 자유자재하게 마음을 작용하여 그 재난이 마음에 장애가 되지 않도록 해야 합니다. 보살이 신심을 일으켜 집을 버릴 때에는 일체의 세상일을 버리고 집착하지 않아야 합니다.

또 승방(僧房)에 있을 때에는 모든 출가자가 서로 화합하여 마음에 거리가 없어야 합니다. 출가할 때에는 일단 얻은 공덕을 다시는 잃지 않는 경지[不退轉地]를 목표로 하여 마음에 장애가 없도록 해야 합니다. 속복(俗服)

을 버릴 때에는 오로지 부처님의 가르침을 찾아 덕을 닦되 게으르지 않아야 합니다. 삭발할 때에는 번뇌도 함께 깎아 버리고 깨달음의 세계에 도달하도록 노력해야 합니다.

승복을 입을 때에는 탐욕과 성냄과 어리석음의 삼독(三毒)을 떠나 부처님의 가르침에 젖는 기쁨을 얻도록 해야 합니다. 출가하였을 때에는 부처님과 같이 집을 나와 모든 중생을 교화하는 일에 정진해야 합니다.

스스로 부처님께 귀의하였을 때에는 진실한 길을 체득하여 최고의 깨달음을 향한 마음을 일으켜야 합니다. 스스로 부처님의 가르침에 귀의하였을 때에는 깊이 부처님의 경전을 배워서 큰 바다와 같은 지혜를 얻어야 합니다. 스스로 부처님과 부처님의 가르침을 믿고 받들어 행하는 승단(僧團)에 귀의하였을 때에는 모든 대중을 받들어 화합하게 하여야 합니다.

몸을 바로 하여 단정하게 앉을 때에는 어떠한 망상에도 걸리지 않도록 해야 합니다. 결가부좌하고 앉았을 때에는 진리를 구하는 마음을 굳게 하여 흔들리지 않는 깨달음의 경지를 얻어야 합니다. 마음을 조용하게 통일한 상태[三昧]에 들었을 때에는 그것을 철저히 하여 무심한 경지[禪定]에 이르도록 해야 합니다.

모든 사물을 관찰할 때에는 있는 그대로의 진실한 모습을 보되 장애나 거리가 있어서는 안 됩니다. 의복을 입을 때에는 모든 공덕을 입는다는 생각으로 항상 참회하여야 합니다. 옷을 입고 허리띠를 두를 적에도 부처님의 가르침에 정진하는 마음을 새롭게 하여야 합니다.

손에 양치질하는 도구를 들었을 때에는 마음에 부처님의 가르침을 얻었으니 자연히 청정하게 되어야 합니다. 대소변을 볼 때에는 모든 더러움을 없애고 탐욕과 성냄과 어리석음의 삼독(三毒)을 버려야 합니다. 물로 손을 씻을 때에는 그 깨끗한 손으로 부처님의 가르침을 받아야 합니다. 입을 열어 말할 때에는 청정한 가르침을 향하여 해탈을 완성하여야 합니다.

길을 갈 때에는 청정한 진리의 세계를 밟고 나아가 마음의 장애인 번뇌를 없애야 합니다. 올라가는 길을 보고 있을 때에는 드높은 경지에 올라가 3계(三界)를 초월하기 위해 노력해야 합니다. 내려가는 길을 보았을 때에는 부처님의 법 저 깊숙이 내려가도록 노력해야 합니다. 험한 길을 보고서는 인생의 악도(惡道)를 버리고 사견(邪見)으로부터 떠나야 합니다. 바른 길을 보았을 때에는 마음을 정직하게 하고 거짓이 없어야 합니다.

커다란 나무를 보았을 때에는 다투는 마음을 버리고 분노나 원한으로부터 떠나야 합니다. 높은 산을 보고서는 위없는 깨달음을 향하여 불법의 뿌리를 찾아보아야 합니다. 가시밭을 보았을 때에는 삼독의 가시를 빼어 버리고 상처 입은 마음을 없애야 합니다. 부드러운 과일을 보았을 때에는 불도(佛道)의 큰 실천을 일으켜 위없는 결과를 거두도록 하여야 합니다.

흐르는 물을 보았을 때에는 정법(正法)의 흐름을 타고 부처님 나라의 대해(大海)에 나가도록 하여야 합니다. 우물을 보았을 때에는 다함없는 가르침[法水]을 마시고, 위없는 덕을 갈무리하여야 합니다. 골짜기에 흐르는 물을 보고서는 먼지와 때를 씻고 맑은 마음이 되도록 하여야 합니다. 다리를 보았을 때는 불법의 다리를 만들어 쉼

없이 사람들을 깨달음의 저 언덕[彼岸]으로 건너갈 수 있도록 이끌어 주어야 합니다.

즐거운 사람을 보았을 때는 청정한 가르침을 원하고 부처님의 가르침에 따라 스스로 기뻐해야 합니다. 또 굶주린 자를 보았을 때에는 미혹을 떠나는 마음을 일으키고, 괴로워하는 사람을 보았을 때에는 모든 괴로움을 없애 주는 부처님의 지혜를 얻어야 하며, 건강한 사람을 보았을 때에는 금강(金剛)과 같이 부서지지 않는 법신(法身)에 이르고, 병든 사람을 보았을 때에는 몸이 본래 공(空)한 것임을 알아 일체의 괴로움에서 해탈하여야 합니다.

은혜를 갚는 사람을 보았을 때에는 항상 모든 부처님과 모든 보살의 은덕을 생각하고, 출가한 사람을 보았을 때에는 청정한 불법을 얻어 모든 악을 떠나야 합니다. 고행을 하는 사람을 보았을 때에는 몸과 마음을 굳게 갖고 불도에 정진하여야 합니다.

밥을 얻었을 때는 밥을 먹고 얻은 그 힘으로 부처님의 가르침에 뜻을 두고 정진해야 하며, 밥을 얻지 못하였을 때에도 모든 악행으로부터 벗어나야 합니다.

맛있는 음식을 얻었을 때에는 절도를 지키고 욕심을 줄이고 그에 집착하는 것을 끊어야 합니다. 맛없는 음식을 얻었을 때에는 모든 것은 허공과 같이 무상(無常)하다고 하는 삼매에 사무쳐야 합니다. 음식을 삼킬 때에는 선정(禪定)의 기쁨을 삼킨다는 마음을 갖고, 음식을 먹은 다음에는 공덕이 몸에 충만하여 부처님의 지혜를 완성하도록 해야 합니다.

여래를 보았을 때에는 모두가 부처님 눈을 얻고 여래의 실상을 볼 수 있어야 하며, 여래의 실상을 보았을 때에는 모든 시방을 보더라도 단정하기가 부처님과 같아야 합니다. 저녁에 잠자리에 들었을 때에는 모든 번거로움을 그치고 마음의 혼란을 떠나야 하며 아침에 눈을 떴을 때에는 모든 마음을 기울여 시방을 되돌아보아야 합니다."

제4장
보살십주품(菩薩十住品)
– 보살의 열 가지 수행 –

그때 법혜보살은 부처님의 신통력을 받아서 보살의 무량한 방편의 삼매에 들었다. 법혜보살이 삼매에 들자, 시방의 무수한 부처님 나라와 그 밖의 무수한 부처님들이 삼매의 힘으로 나타났다. 이 부처님들의 이름은 모두가 법혜(法慧)였다.

그때 모든 부처님은 법혜보살에게 다음과 같이 말씀하였다.

"훌륭하고 훌륭하도다. 선남자여, 그대는 능히 보살의 무량한 방편의 삼매에 들었도다. 선남자여, 그대가 이 삼매에 든 것은 시방의 무수한 부처님이 그대에게 신통력을 주었기 때문이다. 선남자여, 참으로 부처님의 신통력을 받아 오묘한 진리[法]를 설하여야 한다.”

그때 모든 부처님은 저마다 오른쪽 팔을 뻗쳐 법혜보살의 머리를 어루만졌다. 법혜보살은 삼매로부터 일어나 모든 보살들에게 말하였다.

“모든 불자들이여, 보살의 본성은 광대하고 깊어 흡사 허공과 같습니다. 일체의 보살은 과거·현재·미래의 모든 부처의 본성에서 생긴 것입니다. 모든 불자들이여, 보살의 10주(十住)의 행은 과거·현재·미래의 모든 부처님이 설하신 것입니다.

무엇을 10주(十住)라고 합니까? 초발심주(初發心住), 치지주(治地住), 수행주(修行住), 생귀주(生貴住), 방편구족주(方便具足住), 정심주(正心住), 불퇴주(不退住), 동진주(童眞住), 법왕자주(法王子住), 관정주(灌頂住)입니다. 이것이 보살의 수행이 머무는 열 가지 장소입니다.

모든 불자들이여, 첫째 보살이 머무는 초발심주(初發心住)란 어떤 것입니까? 이 보살은 부처님의 위덕을 잘 드러내는 원만한 상호를 지니신 부처님을 보며, 혹은 부처님의 신통을 보고, 설법을 들으며, 또 일체 중생의 무량한 고통을 보고 깨달음을 구하는 마음을 일으켜 일체지(一切智)를 구하되 결코 퇴보하지 않습니다.

이 보살은 초발심에 의하여 열 가지 힘을 얻습니다. 예를 들면, 도리와 도리가 아닌 것을 분별하는 지혜이며, 업보로 인하여 주어진 생의 번뇌와 청정을 아는 지혜이며, 과거의 생애를 아는 지혜이며, 멀리 떨어져 있는 세계를 볼 수 있는 지혜이며, 모든 번뇌와 그 남은 악업이 없어지는 것을 아는 지혜 등입니다. 모든 불자들이여, 이 보살들은 열 가지 덕목을 배워야 합니다.

모든 불자들이여, 두 번째로 보살이 머무는 치지주(治地住)란 어떤 것입니까?

이 보살은 일체의 중생에 대하여 열 가지 마음을 일으킵니다. 그 열 가지 마음이란 즉, 대비심(大悲心)과 대자심(大慈心), 안락심(安樂心), 안주심(安住心), 연민심(憐愍心), 섭수심(攝受心), 수호심(受護心), 동기심(同己心), 사심(師心), 여래심(如來心)입니다.

모든 불자들이여, 이 보살들은 열 가지 덕목을 익혀야 합니다. 즉, 자주 가르침을 듣기를 원하며, 탐욕을 떠나 삼매를 닦으며, 선지식을 가까이하여야 합니다. 또 그 가르침에 따라서 말할 때에는 적절한 때를 선택하고, 두려워하는 마음을 지니지 않으며, 진리의 깊은 뜻을 깨닫고, 부처님의 가르침에 요달하여 진리 그대로를 행하며, 마음의 어리석음을 떠나 움직이지 않는 마음에 안주하여야 합니다. 왜냐하면, 이와 같이 해야만 일체 중생에 대하여 대자비를 증진하고자 할 수 있기 때문입니다.

모든 불자들이여, 세 번째로 보살이 머무는 수행주(修行住)란 어떤 것입니까?

이 보살은 모든 존재를 관찰하는 열 가지 길을 닦습니다. 즉 모든 존재는 무상(無常)하며, 괴로움이며, 공(空)이며, 영원히 변하지 않는 주체가 없다는[無我] 것과 모든 존재는 즐거워할 것이 아니며, 모이고 흩어지는 일도 없으며, 영원히 변하지 않는 것도 아니며, 모든 사물은 허망하고, 거기에는 견고함이 없다고 관찰합니다.

불자들이여, 이 보살은 다음과 같은 열 가지 덕목을

익혀야 합니다. 즉, 모든 중생의 세계, 진리의 세계, 땅[地]의 세계, 물[水]·불[火]·바람[風]의 세계, 욕망의 세계, 형상이 있는 세계·형상이 없는 세계를 알도록 배워야 합니다. 왜냐하면 이와 같이 하여야만 보살은 모든 사물에 대해서 맑고 밝은 지혜를 증진할 수 있기 때문입니다.

모든 불자들이여, 네 번째로 보살이 머무는 생귀주(生貴住)란 어떤 것입니까?

이 보살은 거룩한 가르침 안에서 태어나 열 가지 부처님의 가르침을 수행합니다. 즉 부처님을 믿고, 진리를 실현하며, 선정(禪定)에 들고, 또 중생과 부처님의 나라와 세계와 모든 업과 과보와 생사의 열반 등을 아는 것입니다.

불자들이여, 이 보살은 열 가지 덕목을 익혀야 합니다. 즉, 과거·현재·미래의 모든 부처님의 가르침을 알아야 하고, 그 가르침을 수행하며, 그 진리를 몸에 갖추고, 일체의 모든 부처님의 평등한 것을 관찰하여야 합니다. 왜냐하면 보살은 과거·현재·미래의 삼세(三世)를 밝게 요달하고 마음의 평등을 얻어야 하기 때문입니다.

불자들이여, 다섯 번째로 보살의 방편구족주(方便具足住)란 어떤 것입니까?

보살은 열 가지 가르침을 듣고 수행해야 합니다. 즉, 보살이 수행하는 공덕으로써 일체 중생을 구호하고, 일체 중생에게 연민하며, 일체 중생의 인격을 완성하고, 일체 중생으로 하여금 모든 재난을 떠나게 하고, 일체 중생을 생사의 고뇌로부터 벗어나게 하며, 일체 중생을 기쁘게 하고, 일체 중생으로 하여금 번뇌를 극복하게 하며 모두가 열반을 얻도록 하여야 하는 것입니다.

불자들이여! 이 보살은 열 가지 덕목을 익혀야 합니다. 즉 중생은 무변하고 무량하며, 무수하고 불가사의하며, 여러 가지 형태를 갖고 있으며, 무상하고 자재하지 못하며, 진실하지 못하며, 의지할 곳이 없고, 자성(自性)이 없다고 하는 것을 익혀야 하는 것입니다. 왜냐하면 보살은 자기의 마음에 집착하지 말아야 하기 때문입니다.

모든 불자들이여, 여섯 번째로 보살의 바른 믿음[正心住]이란 어떤 것입니까? 보살은 열 가지 가르침을 듣고 믿음을 결정하여 흔들리지 않는 마음[決定心]을 얻습니다. 만약 부처님을 칭찬하거나 비방하는 말을 들어도 마음은 부처님의 가르침 안에 안정되어 있어서 움직이지 않습니다.

진리를 찬탄하거나 비방하는 말을 들어도, 보살을 칭찬하거나 비방하는 말을 들어도, 보살의 행하는 진리를 찬탄하고 비방하는 말을 들어도, 중생의 수는 유한하거나 혹은 무한하다는 말을 들어도, 중생은 더럽혀져 있다든가 혹은 더럽혀져 있지 않다는 말을 들어도, 중생은 구원하기 쉽다, 혹은 구원하기 어렵다고 하는 말을 들어도, 진리의 세계는 유한하다거나 혹은 무한하다고 하는 말을 들어도, 세계는 생성(生成)되어 있거나 혹은 파괴되어 가고 있다고 하여도, 세계는 실재한다거나 혹은 실재하지 않는다고 하여도 마음은 부처님의 가르침 안에 안정되어 있어서 흔들리지 않습니다.

불자들이여, 이 보살은 열 가지 덕목을 익혀야 합니다. 즉, 존재하는 모든 것은 모습이 없는 것이며, 본성이 없고, 수행할 수도 없으며, 실체가 아니며, 진실하지도 않고, 자성도 없으며, 흡사 허공과 같고, 꼭두각시와 같고,

꿈과 같고, 메아리와 같은 것이라고 알아야 하는 것입니다. 왜냐하면, 보살은 일단 얻은 공덕을 다시는 잃지 않는 경지[不退轉]에서 불생불멸하는 절대적인 진리를 깨달은 평온함[無生法忍]을 체득하여야 하기 때문입니다. 또 불법은 스스로 이를 듣고 이해할 것이지 결코 타인을 의지하여 깨닫는 일은 하지 말아야 합니다.

불자들이여, 일곱 번째로 깨달음을 확약 받은 보살이 머무는 경지[不退住]는 무엇입니까? 이 보살은 열 가지 일에 대한 이야기를 듣고서도 그 마음이 견고하여 흔들리지 않습니다. 즉, 부처님이 존재한다고 하든 존재하지 않는다고 하든, 진리가 있다고 하든 없다고 하든, 부처님의 가르침 안에 있어서는 결코 물러서는 일이 없습니다.

보살이 있다고 하든 없다고 하든, 보살의 행(行)이 있다고 하든 없다고 하든, 보살의 행이 미혹을 초월한다고 하든 초월하지 않는다고 하든 부처님의 가르침 안에 있어서는 결코 물러서는 일이 없습니다.

과거의 부처님과 미래의 부처님과 현재의 부처님이 각각 있다고 하든 없다고 하든, 최고의 깨달음을 여신 부처님의 지혜가 다함이 있다고 하든, 없다고 하든 부처님의 가르침 안에 있어서는 결코 물러서는 일이 없습니다. 과거·현재·미래의 존재가 동일한 모습이라고 하든 동일한 모습이 아니라고 하든, 부처님의 가르침 안에 있어서는 결코 물러서는 일이 없습니다.

불자들이여, 이 보살은 열 가지 덕목을 익혀야 합니다. 즉, 하나[一]는 많은 것[多]이며, 많은 것[多]은 하나[一]이며, 가르침에 따라서 의미를 알고, 의미에 의하여 가르침을 알며, 비존재(非存在)는 존재이며 존재는 비존재이며, 모습을 갖지 않는 것이 모습이며, 모습이 모습을 갖지 않는 것이며, 본성이 아닌 것이 본성이며, 본성이 본성이 아닌 것임을 알아야 합니다. 왜냐하면 보살은 모든 사물에 있어서 방편을 얻어야 하기 때문입니다.

모든 불자들이여, 여덟 번째로 보살이 머무는 동진주(童眞住)라고 하는 것은 어떤 것입니까?

보살은 열 가지 사물에 있어서 마음을 안정할 수 있습니다. 즉 마음과 말과 행위에 있어서 청정하게 되고, 뜻대로 생을 받으며, 중생의 마음과 바라는 것과 본성과 업을 알고, 세계의 생성과 소멸을 알며, 초인적인 힘은 자유자재하여 장애를 받는 일이 없습니다.

불자들이여, 이 보살은 열 가지 덕목을 익혀야 합니다. 즉 모든 부처님의 나라를 알고, 관찰하고, 진동(震動)하며, 지속하고, 또 모든 부처님의 나라와 그 밖의 모든 세계에 이르러 헤아릴 수 없는 진리를 문답하고, 초인적인 힘에 의하여 온갖 모습을 나타내며, 무량한 음성을 이해하고 한 생각 안에 무수한 모든 부처님을 공경하고 공양하는 것을 익혀야 합니다.

왜냐하면, 보살은 여러 가지 방편에 의하여 모든 법(法)을 완성하여야 하기 때문입니다.

모든 불자들이여, 아홉 번째로 보살이 머무는 법왕자주(法王子住)란 어떤 것입니까?

이 보살은 열 가지 사물을 이해하고 있습니다. 중생의 나라들, 모든 번뇌, 그리고 이별의 아쉬움, 헤아릴 수 없는 진리, 방편, 모든 예의와 작법(作法), 모든 세계의 실정, 과거·현재·미래의 시간의 흐름, 세간의 도리와 궁극의 진리 등입니다.

불자들이여, 이 보살은 열 개의 덕목을 익혀야 합니다. 즉 법왕(法王)이 머무는 곳과 법왕의 작법, 법왕이 있는 곳에 안주하는 것, 법왕이 있는 곳에 절묘하게 들어가는 것, 법왕이 있는 곳을 분별하는 것, 법왕의 진리를 오래도록 지속하는 것, 법왕의 진리를 칭찬하는 것, 법왕이 완전하게 진리를 실현하는 것, 두려워하지 않는 법왕의 진리, 집착을 떠난 법왕의 진리 등을 배워야 합니다. 왜냐하면, 보살은 모든 사물에 있어서 장애를 받지 않는 지혜를 얻어야 하기 때문입니다.

불자들이여, 열 번째로 보살이 머무는 관정주(灌頂住)란 어떤 것입니까?

이 보살은 열 가지 지혜를 완성합니다. 즉 헤아릴 수 없는 세계를 진동하고, 비추며, 지속하고, 청정하게 맑히고 또한 그 세계에 들며, 또 헤아릴 수 없는 중생의 마음과 행위와 감관의 작용을 알고 온갖 방편에 의하여 중생으로 하여금 번뇌를 극복하고 깨달음을 얻게 합니다.

불자들이여, 보살의 실체는 알 수가 없습니다. 즉 그가 선정에 드는 것이나, 초인적인 힘이 자유자재한 것이나,

그의 과거·현재·미래의 지혜와 모든 부처님의 모든 나라를 밝히는 지혜와 그의 마음, 경계 등을 낱낱이 알 수가 없습니다.

불자들이여, 보살은 열 가지 지혜를 익혀야 합니다. 즉 과거·현재·미래의 지혜, 최고의 깨달음을 여는 부처님의 지혜, 진리의 세계는 장애를 받지 않는다고 하는 지혜, 진리의 세계는 무량무변이라고 하는 지혜, 모든 세계를 비추고 지속하며 충실하게 하는 지혜, 모든 중생을 분별하는 지혜, 최고의 깨달음을 여는 무량무변한 부처님의 지혜 등을 익혀야 합니다. 왜냐하면 보살은 모든 종류의 지혜를 가져야 하기 때문입니다."

제5장

초발심공덕품(初發心功德品)

– 처음 깨달음을 일으킨 공덕 –

그때 제석천이 법혜보살에게 물었다.

"불자여, 초발심의 보살은 얼마만한 공덕을 완성하고 있습니까?"

법혜보살이 대답하였다.

"불자여, 그 도리는 심원하여 알기 어렵고 믿기도 이해하기도 어려우며, 설하기도 판별하기도 어렵습니다. 그러나 나는 부처님의 신통력을 받아서 그대에게 설하고자 합니다.

불자여, 예를 들면 어떤 사람이 동방의 무수한 세계의

중생을 오랫동안 공양하고 그 뒤에 5계(五戒, 불살생 등)를 행한다고 합시다. 또 동방의 세계에서와 같이 사방팔방, 시방의 세계의 중생에게도 그와 같이 한다고 합시다. 이렇게 한다면 이 사람의 공덕은 많다고 생각할 수 있습니까?"

제석천이 말했다.

"불자여, 모든 여래 이외에는 이 사람의 공덕과 비교될 만한 사람은 없을 것입니다."

법혜보살이 제석천을 향하여 말했다.

"불자여, 이 사람의 공덕이 아무리 많아도 처음 발심(초발심)한 보살의 공덕에는 비할 수 없습니다. 비유한다면, 그 백분의 일, 천분의 일, 백천분의 일, 억분, 백억분, 천억분 내지 헤아릴 수 없으며, 따라서 그 공덕은 다함이 없고, 설할 수도 없을 만큼 많습니다.

불자여, 또 어느 사람이 시방의 무수한 세계의 중생을 오랫동안 공양하고 그 뒤에 10선(十善)을 행한다고 합시다. 또 긴 세월 동안 공양한 뒤에 4선(四禪)을 행한다고 합시다. 이와 같이 하여 모든 중생에게 혜택을 베풀고자 하는 자비심으로 물질을 초월한 경계에 안정하도록 하며, 한 번 다시 태어남으로써 깨달음을 얻는 경계[一來]에 이르도록 하고, 미혹의 세계에 다시는 태어나지 않는 경계[不還]와 아라한(阿羅漢)의 경계에 이르도록 하며, 최후에는 연각(緣覺)의 깨달음을 얻게 한다면 어떻겠습니까? 이 사람의 공덕은 많다고 생각합니까?"

제석천이 말했다.

"모든 부처님 이외에는 이 사람의 공덕을 낱낱이 알고 있는 사람은 없을 것입니다."

법혜보살은 제석천을 향하여 말하였다.

"불자여, 이 사람의 공덕이 아무리 많다 하여도 초발심한 보살의 공덕에 비한다면, 그 백분의 일, 천분의 일에도 지나지 않습니다. 초발심을 한 보살의 공덕은 헤아릴 수도 없으며 설할 수 없을 만큼 많습니다.

불자여, 왜냐하면 일체 모든 부처님은 시방세계의 무수한 중생을 오랫동안 공양하기 위하여 이 세상에 나온 것이 아니기 때문입니다.

또 무수한 세계의 중생으로 하여금 5계(五戒)와 10선

(十善), 4선(四禪), 4무량심(四無量心), 4무색정(四無色定), 예류(預流), 일래(一來), 불환(不還), 아라한(阿羅漢), 연각(緣覺) 등의 길을 행하게 하기 위하여 이 세상에 나오신 것은 아니기 때문입니다.

일체의 모든 보살이 처음으로 깨달음을 구하는 마음[菩提心]을 일으켰던 것은 부처님의 가르침이 끊이지 않게 하기 위함이며, 모든 세계는 스스로 청정함을 알게 하기 위함이며, 모든 중생을 구하고 깨달음을 열고자 생각하였기 때문이며, 모든 중생의 번뇌와 그 오염 그리고 이별의 아쉬움, 마음의 움직임을 알기 때문이며, 모든 중생이 여기에서 죽고 저기에서 태어나는 것을 알기 때문이며, 또 일체 모든 부처님의 세계가 평등한 것을 알기 때문입니다.

불자여, 또 다음과 같은 예가 있습니다.

어느 사람이 한순간에 무량한 세계를 통과할 수 있을 만한 신통력을 가지고 그에 필적할 만한 긴 시간 동안 동방을 향하여 나아간다 하여도 세계의 끝에 이를 수는 없습니다.

또 두 번째 사람이 앞사람의 뒤를 이어서 다시 긴 시간 동안 동방을 향하여 나아간다 하여도 역시 세계의 끝에 이를 수는 없습니다.

이와 같이 하여 제 삼, 제 사, 내지 제 십의 사람이 동방을 향하여 나아간다 하여도 마찬가지로 그 끝에 이를 수는 없습니다.

또 이 동방의 경우와 같이 시방세계에 있어서도 모두 합쳐서 백 명의 사람이 저마다의 방향을 향하여 나아갈 때, 설사 시방의 세계의 끝에 이를 수가 있다고 가정한다 하여도 초발심을 한 보살의 공덕의 양을 알 수는 없을 것입니다.

왜냐하면, 초발심을 한 보살은 한정된 세계의 중생만을 위하여 보리심을 일으킨 것이 아니기 때문입니다. 시방의 무변한 세계의 실정을 알고, 그 세계의 일체중생을 구하고자 생각하기 때문에 최고의 깨달음을 구하는 마음을 일으킨 것입니다.

또 작은 세계는 곧 커다란 세계라고 알고, 커다란 세계는 곧 작은 세계임을 알며, 넓은 세계는 곧 좁은 세계임을 알고, 좁은 세계는 곧 넓은 세계임을 알며, 하나의 세계는 곧 무량한 세계임을 알고, 무량한 세계는 곧 하나의 세계임을 알며, 무량한 세계는 곧 하나의 세계에 드는 것임을 알고, 하나의 세계는 곧 무량한 세계에 드는 것임을 압니다.

또 더럽혀진 세계는 곧 깨끗한 세계임을 알고, 깨끗한 세계는 곧 더럽혀진 세계임을 알며, 하나의 털구멍 속에 일체의 세계가 있음을 알고, 일체의 세계 속에서 일체의 털구멍의 성질을 알며, 하나의 세계로부터 일체의 세계가 생하는 것을 알고, 일체의 세계는 흡사 허공과 같음을 압니다. 또 일념 사이에 일체의 세계를 낱낱이 알고자 하기 때문에 보살은 위없는 궁극의 깨달음을 향하여 마음을 일으키는 것입니다.

불자여, 또 다음과 같은 비유를 들 수 있습니다.

신통력을 가지고는 한순간에 무량한 세계에 사는 모든 중생의 소망을 알 수 있지만, 사람이 아득한 시간에 걸쳐 제아무리 능력을 다해도 동방의 일체 세계에 있는 중생의 소망을 알 수는 없다는 것입니다.

이와 같이 제2, 제3, 내지 제10의 사람이 그 뒤를 이어서 시간을 다해도 동방세계에 사는 중생의 소망을 낱낱이 알 수는 없습니다. 또 시방세계의 중생에 대해서도 마찬가지입니다.

그러나 가령 시방의 무변한 세계에 사는 중생의 소망을 낱낱이 알 수가 있다고 하더라도 초발심을 한 보살의 공덕을 알 수는 없을 것입니다.

왜냐하면, 초발심의 보살은 한정된 세계의 중생의 소망을 알기 위하여 최고의 깨달음을 구하는 마음을 일으킨 것이 아니기 때문입니다.

보살이 위없는 깨달음을 향한 마음을 일으킨 것은 일체 중생의 다함이 없는 소망의 대해(大海)를 알고자 하고, 중생의 욕망은 하나의 욕망이며, 하나의 욕망은 일체의 욕망임을 알고자 하며, 또 착함[善]과 착하지 않음[不善]에 대한 욕망, 세간 혹은 출세간(出世間)에 대한 욕망, 커다란 지혜의 욕망, 청정한 욕망, 장애가 없는 욕망, 장애를 받지 않는 지혜를 갖춘 욕망 등을 낱낱이 알고자 하기 때문입니다.

불자여, 혹은 또 중생의 감각기관, 희망, 방편, 마음, 움직임, 모든 업, 번뇌 등을 낱낱이 알고자 하는 것을 비유로 들 수 있습니다.

불자여! 혹은 또 다음과 같은 비유도 들 수 있습니다.

어느 사람이 한 찰나에 동방의 무변한 세계에서 활동하고 있는 모든 부처님과 그 일체의 중생을 공경하고 찬탄·예배하며 존경하고, 또 온갖 공양을 다하고 장엄할 수 있는 신통력을 가지고 아득한 오랜 시간을 다한다고 하면, 이같이 하여 동방세계와 마찬가지로 서방세계의 모든 부처님과 일체 중생을 공양할 수 있다고 하면, 불자여, 어떻겠습니까? 이 사람의 공덕은 많다고 생각합니까?"

제석천은 이에 대답하였다.

"오직 부처님만이 이 사람의 공덕을 알고 있으며 다른 사람은 도저히 알 수가 없을 것입니다."

법혜보살은 말했다.

"불자여, 이 사람의 공덕을 초발심한 보살의 공덕에 비한다면, 그 백분의 일, 천분의 일에도 지나지 않을 것입니다. 초발심한 보살의 공덕은 헤아릴 수 없을 만큼 많습니다. 따라서 설할 수도 없습니다.

초발심을 발한 보살이 보리심을 내면, 무한한 과거로부터 활동해 온 모든 부처님의 지혜를 알 수가 있으며, 무한한 미래를 향하여 활동하고자 하는 모든 부처님의 공덕을 믿을 수가 있으며, 현재의 모든 부처님이 설하는 지혜를 알 수가 있습니다.

또 이 보살은 삼세의 모든 부처님의 공덕을 믿고 가르침을 받으며 행하고 체득하여 모든 부처님들의 공덕과 같게 됩니다.

왜냐하면, 초발심을 발한 보살이 최고의 깨달음을 향한 마음을 일으키는 것은 다음의 이유에 근거하기 때문입니다.

즉 이 보살은 일체의 모든 부처님의 본질을 끊이지 않게 하기 위하여 커다란 자비심을 가지고 모든 세계의 중생을 구하고자 생각하기 때문이며, 또 모든 중생의 오염이나 청정함이 생기는 실정을 알고자 하기 때문입니다.

또 모든 중생의 마음의 움직임이나 남은 업으로 인한 번뇌를 낱낱이 알기 때문이며, 또 삼세의 모든 부처님의 위없는 깨달음을 알고자 생각하기 때문이며, 또 삼세의 부처님께서 가지신 힘을 이어받아 그 한없는 평등의 지혜를 얻고자 하기 때문에 이 보살은 위없는 깨달음을 향한 마음을 일으킨 것입니다.

이 초발심을 발한 보살이야말로 실은 부처님인 것입니다. 이 보살은 삼세의 모든 부처님의 세계와 마찬가지로 여래의 한마음[一心]과 한량없는 마음[無量心]과 삼세의 모든 부처님과 평등한 지혜를 얻고 있습니다.

그는 모든 세계를 비추고 모든 악도의 고통을 잠재우며, 모든 세계에서 성불하는 것을 실현하고, 모든 중생으로 하여금 불법의 기쁨을 얻게 하고, 그 깊은 진리의 세계를 깨닫게 합니다. 또 모든 부처님의 본성을 지키며, 모든 부처님의 지혜와 광명을 얻고 있습니다.

초발심을 발한 보살은 항상 삼세의 모든 부처님과 그 가르침과 모든 보살과 연각(緣覺)과 성문(聲聞) 내지 그 법(法), 세간(世間)·출세간(出世間)의 법, 중생의 법 등을 떠나지 않고 그대로 깨달음을 구하며 그 지혜는 장애를 받는 일이 없습니다."

그때 부처님의 신통력과 초발심을 발한 보살의 공덕을 찬탄하는 힘에 의하여 시방의 끝없는 모든 부처님의 세계가 여섯 가지로 진동하였다. 그리고 하늘의 꽃과 하늘의 향기와 하늘의 꽃다발과 하늘의 보배가 비처럼 뿌려져 미묘한 음악이 울려 퍼졌다.

그때 끝없는 시방세계의 모든 부처님은 낱낱이 그 몸을 법혜보살의 앞에 나타내시었다. 그리고 법혜보살에게 말씀하셨다.

"착하고 착하도다. 불자여, 그대는 능히 초발심의 공덕을 설하였다. 시방의 한량없는 모든 부처님도 또한 낱낱이 초발심의 공덕을 설하고 있다. 그대가 초발심 보살의 공덕을 설하였을 때, 시방의 중생은 모두 초발심 공덕을 얻고 최고의 깨달음을 향한 마음을 일으킨다. 우리는 이제 중생들에게 약속하나니 그들은 미래세에 저마다 동시에 반드시 성불할 것이다. 우리들은 미래의 모든 보살들을 위하여 이 초발심의 법을 지키고 전하여야 한다."

법혜보살이 이와 같이 사바세계의 수미산 정상(頂上)에서 초발심의 법을 설하고 중생을 교화한 것과 같이, 시

방의 헤아릴 수 없고 생각할 수도 없는 모든 세계 안에
서도 초발심의 법을 설하고 중생을 교화하였다. 그리고
이 법을 설하는 자를 각각 법혜라고 이름하였다.

그것은 부처님의 신통력에 의하며, 부처님의 본원력
(本願力)에 의하며, 지혜의 광명이 남김없이 비추는 것에
의하며, 제일의(第一義)를 깨닫는 것에 의하며, 모든 보살
은 기쁨에 넘쳐 있음에 의하며, 모든 부처님의 공덕을 찬
탄하는 것에 의하며, 모든 부처님의 평등함을 아는 것에
의하며, 또 법계는 하나이며 둘이 아님을 깨닫는 것에 의
하기 때문이다."

그때 법혜보살은 시방세계를 남김없이 관찰하고서, 중
생의 미혹과 오염을 제거하고, 넓은 해탈을 얻게 하고자,
또 스스로의 깊고 청정한 공덕을 나타내기 위하여 부처
님의 신통력을 받아 다음과 같이 게송을 읊었다.

"초발심의 보살은 일체 중생 안에서
항상 분노를 떠나 대자비를 일으키며,
남을 이롭게 하는 마음을 기릅니다.

그 자비의 빛은 시방세계를 비추어
중생을 위한 의지처가 되도록 하며,
모든 부처님은 이 보살을 지키고자 염원합니다.

그 어느 것도 이 보살의 신심을 방해할 수는 없습니다.
그것은 흡사 금강과 같이 견고하며,
항상 모든 여래의 밑에서
은혜를 알고 은혜에 보답합니다.

보살은 부처님의 지혜를 완성하여
그 뜻에 막힘이 없습니다.
또 진실한 세계를 분명하게 깨달아
마음은 적멸하고 허망을 떠나 있습니다.
그리고 그 믿음의 힘은 고요하고 평안하며
지혜의 힘은 청정합니다.

보살은 미래 끝까지도 중생에게 힘을 바쳐
해탈을 얻게 하고자 하며 어떠한 지옥의 괴로움을 받아도
중생을 위하여 힘을 다합니다.

하나의 털구멍 안에서 시방의 세계를 보니,

그 세계는 미묘하게 장엄한 모습을 띠고 있어

모든 부처님과 보살이 여기에 모여 있습니다.

만약 시방삼세의 모든 부처님을 만나 받들고자 하며,

또 헤아릴 수 없는 깊은 공덕을 얻고자 원하며,

또 일체중생의 생사의 괴로움을 없애고자 생각한다면

진정으로 서원을 세워서

곧 깨달음을 향한 마음을 일으켜야 합니다."

제6장

명법품(明法品)

– 구도자(보살)의 정진 덕목 –

그때 정진혜(精進慧)보살이 법혜보살에게 물었다.

"불자여, 초발심을 발한 보살은 이와 같이 헤아릴 수 없는 공덕을 얻고, 그 모습은 위엄에 가득 차 있으며, 애욕의 밧줄에서 벗어나 모든 부처님이 머무는 곳에 있으며, 그 뜻하는 바는 위없는 깨달음의 세계에 대한 완성을 향하고 있습니다. 그렇다면 이 보살이 어떠한 법을 행하여야 그 공덕은 보다 뛰어나고 모든 여래는 낱낱이 기뻐하며 그리하여 이 보살의 청정한 대행(大行)과 대원(大願)이 완성되겠습니까? 바라옵나니 불자여, 우리들을 위하여 이 불법을 설하여 주십시오. 기쁘게 듣고자 합니다."

법혜보살이 정진혜보살을 향해 말했다.

"불자여, 그대는 이 문제를 잘 물었습니다. 이 불법은 중생을 안락케 하고 중생에게 커다란 이익을 주는 매우 깊은 보살의 대행입니다. 불자여, 그대는 진실한 지혜 안에 쉬고 있으며, 전심전력으로 대정진(大精進)을 행함으로써 드디어는 한 번 얻은 공덕을 다시는 잃지 않는 경지에 도달하고, 속계(俗界)를 뛰어넘어 있습니다. 그대가 지금 묻고 있는 것은 참으로 여래의 세계입니다.

불자여, 잘 듣고 잘 생각하기 바랍니다. 나는 부처님의 신통력을 받아서 그대를 위하여 설하고자 합니다. 불자여, 이 보살은 이미 초발심의 공덕을 얻고 있으므로 참으로 무지(無知)의 어두움을 떠나고 온갖 게으른 마음을 떠나야 합니다.

보살에게는 열 가지 법이 있어서 게으른 마음을 제거할 수가 있습니다.

즉 마음을 맑게 하고 계율을 지니며 어리석음을 버리

고 깨달음을 구하여 중생을 제도하고자 하는 마음을 밝게 하고, 거짓 마음을 버리고, 중생을 연민하며 선행에 정진하여 얻은 공덕을 다시는 잃지 않는 경지를 얻고, 항상 적연(寂然)하기를 원하여 재가나 출가의 모든 범부의 어리석음에서 떠나고, 세속의 즐거움을 마음에 두지 않고, 오직 한결같이 뛰어난 수행을 닦아 소승(小乘)의 가르침을 버리고, 보살의 길을 구하며, 항상 공덕을 잊지 않고 더럽히는 일이 없으며, 스스로 자기의 본분을 훌륭하게 깨닫습니다. 이것이 게으른 마음을 없애는 열 가지 방법입니다.

불자여, 보살은 더욱 나아가 다음의 열 가지 청정한 법을 행합니다.

즉 가르침을 받은 그대로 수행하고, 뜻하는 것이 지혜에 맞게 하며, 게으른 마음을 버리고서 깊은 불법 안에서 쉬며, 항상 불법의 완성을 원하고 구하여 게으르지 아니하며, 마음에 들은 그대로 진실의 세계를 보고 훌륭한 지혜를 낳으며, 부처님의 자유자재한 세계에 들고 마음은 항상 적연(寂然)하여 산란하지 않으며, 설사 좋고 나쁜 일을 들어도 마치 대지와 같이 굳은 마음으로 동요하지 않고, 상·중·하의 중생을 보아도 모두가 부처님을 생각하는 마음을 일으키게 하며, 스승과 선지식·출가자·보살들을 공경하고 공양하며, 한 생각 한 생각에 모든 지혜를 얻게 됩니다. 이것이 보살의 열 가지 청정한 법입니다.

불자여, 보살은 이와 같이 노력하여 생각 생각마다 지혜를 갖추고 방편을 버리지 않으며, 마음에 의지하는 바를 구하지 않고 다툼이 없는 세계에 들며 한량없는 불법을 낱낱이 분별하고 그리하여 일체의 모든 부처님을 기쁘게 합니다.

불자여, 보살은 열 가지 법을 행하여 일체의 모든 부처님을 즐겁게 합니다.

즉 자기의 행하는 바에 힘써서 결코 물러남이 없고, 신명(身命)을 아끼지 않으며, 세속의 이익을 구하지 않고, 일체의 불법을 수행하여 닦지만 흡사 허공과 같이 집착하지 않고, 방편의 지혜에 의하여 모든 것을 관찰하고, 법계와 일체가 되며, 일체를 분별하면서 생각에 의지함을 구하지 않고, 대원(大願)을 일으키고, 청정한 지혜의 빛을 완성하여 중생의 모든 이해득실을 알아서 실천하는 불법은 낱낱이 청정합니다. 이것이 일체의 모든 부처님을 기쁘게 하는 열 가지 법입니다.

불자여, 다음으로 보살은 열 가지 법을 실행하여 재빠르게 보살의 모든 경지를 완성합니다.

즉 마음은 항상 모든 공덕을 행하고자 원하며, 피안에 이르는 모든 길을 닦고, 지혜는 밝아서 헤매지 않으며, 항상 선지식을 가까이 하고, 항상 노력하여 물러남이 없으며, 부처님의 마음을 이어 받아서 모든 불법을 지니고, 모든 선을 행하여 마음의 근심이 없으며, 지혜의 빛은 일체의 사물을 남김없이 비추고, 모든 경지의 불법에 쉬며, 삼세의 모든 부처님의 정법(正法)에 동화합니다. 이것이 보살의 모든 경지를 완성하는 열 가지 법입니다.

불자여, 이 보살은 저마다의 경지에 안주하고 있으며, 여러 가지 방편을 사용하여 얻은 깊은 지혜에 따르고, 스스로의 숙업(宿業)·경계(境界)·지위(地位)에 따르고, 일체의 뛰어난 불법을 낱낱이 판별하면서도 그 모든 사물에는 집착함이 없습니다.

왜냐하면, 모든 사물은 마음에 근거하고 있기 때문입니다. 구도자가 이와 같이 명확하게 관찰하면 모든 보살의 경지를 나의 몸에 갖출 수가 있을 것입니다.

보살은 항상 마음을 '나는 어서 빨리 모든 보살의 경지를 완성하여야 되겠다. 내가 그 경지에 있어서 가르침 그대로를 알 때, 무량한 공덕을 얻을 것이다. 무량한 공덕을 얻은 다음에는 차츰 부처님의 경계에 나아가리라. 부처님의 경계에 이르러서는 부처님의 하고자 하는 임무를 다하리라'고 생각해야 합니다. 그런 까닭에 보살은 항상 노력하여 불법을 행하며 방편을 버리지 않고 마음에 근심이 없으며 보살의 경지에 안주하는 것입니다.

불자여, 또한 보살은 열 가지 법을 행하여 보살의 행을 맑게 합니다.

즉 일체를 버리고 중생이 바라는 바를 채워 주며, 계율을 지니고 어기는 일이 없으며, 인내가 다하는 일이 없으며, 방편을 써서 물러서는 일이 없으며, 무지를 떠나서 모든 형상에 집착하지 않는 삼매에 들어 마음이 혼란하지 않고, 모든 사물을 분명하게 하며, 모든 행을 완성하고 공덕을 존경하는 마음은 흡사 산왕(山王)과 같고, 일체 중생을 위하여 스스로 청량한 연못이 되고, 일체 중생으로 하여금 모든 부처님의 법에 동화되도록 합니다. 이것이 보살의 행을 맑게 하는 열 가지 방법입니다.

불자여, 보살에게는 열 가지 맑은 서원이 있습니다.

즉 중생의 덕을 완성하여 마음에 괴로움이 없기를 원하며, 선행을 오래도록 행하여 부처님의 나라를 청정하게 하는 것을 원하며, 모든 여래를 공경·공양하기를 원하며, 몸과 목숨을 아끼지 않고 정법(正法)을 지키기를 원하며, 여러 가지 지혜나 방편에 의하여 중생이 남김없이 부처님의 나라에 태어나기를 원하며, 보살의 상대적인 차별을 초월한 절대 평등한 경지[不二法門]와 부처님의 한없는 진리에 들어 모든 사물을 밝게 알고자 원하며, 부처님을 만나보고자 원하는 자로 하여금 남김없이 만날 수 있기를 바라며, 다함없는 미래의 시간을 한순간과 같이 느끼기를 원하며, 보현보살의 서원을 스스로 몸에 익히고자 원하며, 모든 종류의 지혜를 밝히고자 원합니다. 이것이 보살의 열 가지 청정한 서원입니다.

불자여, 보살은 보다 나아가서 열 가지 법을 수행하여 모든 서원을 다합니다.

그 열 가지 법이란 마음의 피곤이나 염리(厭離)를 느끼지 않는 것이며, 마음에 근심도 외로움도 없으며, 모든 보살은 시방의 부처님 나라에 낱낱이 왕생하고자 원하고, 미래로 나아가 일체 중생의 덕을 완성하고자 생각하며, 헤아릴 수 없이 오랜 시간 안에 안주하면서도 길다고 하는 느낌이 없으며, 어떠한 괴로움을 당하여도 괴로움을 기억하지 않고, 어떠한 즐거움을 당하여도 마음에 집착하지 않으며, 비교할 수 없는 큰 깨달음을 얻고자 합니다. 이것이 모든 서원을 실천하는 보살의 열 가지 방법입니다.

불자여, 보살은 어떻게 하면 그 구하고자 하는 중생을 교화할 수 있겠습니까?

이 보살은 중생에게 필요 적절한 방편을 알고 있으며, 중생의 숙업의 인연을 알고 또 중생이 마음에 생각하고 있는 바를 알고 있습니다. 그리하여 그에 따라서 번뇌를 제거하는 방법을 가르치는 것입니다.

즉, 탐욕이 많은 자에게는 육신의 부정(不淨)을 생각하게 하고, 화를 잘 내는 사람에게는 자비를 생각하도록 가르치며, 어리석은 사람에게는 모든 것은 인연에 의하여 있음을 알게 하고, 모든 것에 집착하는 자에게는 일체는 공(空)임을 가르치며, 게으른 사람에게는 노력할 것을 권하고, 아만(我慢)이 강한 사람에게는 일체는 평등함을 알게 하고, 자기의 마음을 굽혀서 남에게 아첨하는 사람에게는 보살의 마음은 정연하여 아무것에도 집착하지 않음을 가르칩니다.

이와 같이 온갖 번뇌에 대해서 무량한 가르침으로 대응하는 것입니다. 보살은 분별의 지혜를 잘 활용하여 가르침의 의미를 훌륭하게 설하고 전하여 주며, 사물의 질서를 문란하게 함이 없으며, 모든 사물은 곧 사라지고 마는 것이면서도 진리의 세계에 있어서는 소멸함이 없음을 가르치며, 중생의 의혹을 없애고 모든 진리를 기쁘게 하며, 그 능력에 따라서 모든 공덕을 가르치며, 드디어는 여래의 커다란 바다에 들어가게 하는 것입니다.

보살은 이와 같이 모든 중생을 교화하여 그 마음이 정연하여 혼란함이 없고 다음과 같은 열 가지 수행의 완성[十波羅蜜]을 갖추고 있습니다.

첫째, 일체 중생을 위하여 정신적·물질적인 모든 것을 베풀면서도 여기에 집착하지 아니하는 것, 이것이 보시의 완성[布施波羅蜜]입니다.

둘째, 모든 계율을 지니면서도 계율을 지녔다고 하는 의식이 없으므로 여기에 집착하지 아니합니다. 이것이 계율의 완성[持戒波羅蜜]입니다.

셋째, 어떠한 고통에도 인내하며 좋고 나쁜 일을 들어도 평등하고 동요하지 않는 모습이, 마치 모든 것을 번성하게 하는 대지와 같습니다. 이것이 인욕의 완성[忍辱波羅蜜]입니다.

넷째, 항상 노력·정진하여 게으르지 않고 흔들림이 없는 마음을 가지고 결코 물러남이 없습니다. 이것이 정진의 완성[精進波羅蜜]입니다.

다섯째, 어떠한 욕망에도 집착함이 없고 차례로 선정(禪定)에 들어 모든 번뇌를 끊고, 드디어 무량한 삼매에 나아가 커다란 신통을 갖추고, 더욱 초월하여 하나의 삼매 안에서 무량한 삼매에 들고, 모든 삼매의 경지를 알아서 모든 부처님의 지혜를 갖추기에 이릅니다. 이것이 선의 완성[禪定波羅蜜]입니다.

여섯째, 모든 부처님 밑에서 가르침을 듣고 잘 받들며, 모든 선지식에게 친근하고 공경하며, 마음에 게으름이 없으며, 모든 사물을 바르게 관찰하여 진실한 선정에 들며, 모든 편견을 떠나서 진리의 바다를 건너며, 아무런 바람도 없이 봉사[無功用]하는 여래의 길을 알아 모든 지혜를 갖추기에 이릅니다. 이것이 반야의 완성[般若波羅蜜]입니다.

일곱째, 세간의 여러 가지 모습을 가르쳐 중생을 교화하며, 그 마음가짐에 따라서 몸을 나타내고, 어떠한 작용에도 집착함이 없이, 혹은 범부의 몸이 되고 혹은 성인의 몸이 되며, 혹은 생사를 나타내고 혹은 열반을 나타내며, 모든 경지에 들어가 중생을 눈뜨게 합니다. 이것이 방편의 완성[方便波羅蜜]입니다.

여덟째, 모든 중생을 완성하게 하고, 모든 세계를 장

엄하며, 모든 여래를 공양하고, 모든 사물의 진실을 깨달으며 수행하여 법계(法界)의 지혜를 갖추고, 다른 부처님 나라를 알리며 모든 부처님의 지혜를 체득합니다. 이것이 서원의 완성[願波羅蜜]입니다.

아홉째, 진리를 추구하는 마음에 의하여 모든 번뇌를 떠나고, 진리에 대한 믿음에 의하여 어떤 고난에도 물러서지 아니하며, 남의 괴로움을 제거해 주는 커다란 연민에 의하여 피로를 모르며, 남에게 즐거움을 주는 깊은 마음에 의하여 행하는 바가 모두 평등하고, 도리를 판별하는 능력에 의하여 모든 중생을 기쁘게 하며, 초인적인 힘으로 모든 중생을 지킵니다. 이것이 힘의 완성[力波羅蜜]입니다.

열째, 탐욕과 성냄과 어리석음이 강한 사람들을 알고, 한 생각 동안에 중생의 마음이 움직이는 것을 알며, 모든 사물의 진실을 알고 모든 부처님의 깊은 지혜력에 도달하여 일체의 도리를 남김없이 압니다. 이것이 지혜의 완성[智波羅蜜]입니다.

불자여, 보살은 이와 같이 모든 수행을 맑게 완성하며

중생의 취향에 따라서 가르침을 설합니다. 탐욕이 많은 사람에게는 탐욕을 떠나라고 가르치고, 성내는 사람에게는 평등한 관찰을 가르치며, 그릇된 견해를 가진 사람에게는 인연의 관찰을 가르치고, 소승(小乘)을 추구하는 사람에게는 적정(寂靜)의 행을 가르치며, 대승(大乘)을 원하는 사람에게는 불도의 장엄(莊嚴)을 가르칩니다.

그 옛날 보살도를 닦으시던 여래께서 처음으로 깨달음으로 향하는 마음을 일으켰을 때, 많은 중생이 악도에 떨어지는 것을 보고 보살은 다음과 같이 말씀하셨습니다. '나는 중생이 앓는 마음의 병을 알고 그 병에 따라서 중생을 가르치며 드디어 마음의 눈을 뜨게 하리라.'

보살은 이와 같이 지혜를 갖추어 무량한 중생을 구하고 있습니다.

불자여, 또 보살은 3보(三寶)를 훌륭하게 일으키고 끊임없도록 하고자 합니다.

즉 보살은 중생을 교화하여 깨달음을 구하는 마음을 일으키게 하며 이로 인하여 부처님[佛寶]은 끊어지지 않습니다. 또 보살은 항상 뛰어난 법(法)을 열어서 보여 줍니다. 이 때문에 부처님의 가르침[法寶]은 끊이지 않습니다. 또 보살은 항상 규범과 법도를 지키며 가르침을 몸에 지니고 있습니다. 이 때문에 부처님과 부처님의 가르침을 봉행하는 승단[僧寶]은 끊어지는 일이 없습니다.

또 보살은 모든 대원(大願)을 찬탄하고 있습니다. 그 때문에 부처님의 가르침은 끊어지는 일이 없습니다. 보살은 인연의 도리를 판별하고 이것을 설법하고 있습니다. 이 때문에 부처님의 가르침은 끊어지는 일이 없습니다. 보살은 여섯 가지 방편으로 화합하는 길[六和敬]을 행하고 있습니다. 이 때문에 부처님의 가르침을 봉행하는 승단은 끊어질 수가 없습니다.

또 보살은 부처님이 될 씨앗[種子]을 중생의 밭에 뿌리고 깨달음의 싹을 트게 합니다. 이 때문에 부처님의 가르침은 끊어지는 일이 없습니다. 보살은 몸과 목숨을 아끼지 않고 정법(正法)을 지킵니다. 이 때문에 부처님의 가르침은 끊어지는 일이 없습니다. 보살은 대중을 다스리고 싫어하지를 않습니다. 이 때문에 부처님을 신봉하고 그 가르침을 봉행하는 승단은 끊어지는 일이 없습니다.

불자여, 보살은 지혜의 등불에 의하여 무지(無知)의 어두움을 없애고 자비의 힘에 의하여 모든 악마를 격퇴하며, 금강정(金剛定)에 들어서 모든 마음의 때와 번뇌를 없애며, 청정한 지혜를 완성하는 것에 의하여 모든 악도의 재난을 떠나며, 진리를 가르쳐 무량무변한 중생을 눈뜨게 합니다.

불자여, 보살은 이와 같이 무량한 법을 수행하여 차례로 몸에 익히고 드디어는 여래의 경지에 도달하는 것입니다. 무량한 나라에서 정법을 지키고, 큰 스승이 되어 여래의 가르침을 받들며, 대중 안에서 깊은 가르침을 설법하여 전하며, 용모는 단정하고 그 음성은 뛰어나 한 마디 말을 할 때마다 많은 중생을 기쁘게 하며, 적절하게 교화하고 마음의 눈을 크게 하여 지혜의 세계에 들어가게 합니다.

보살은 이와 같이 많은 방편에 의하여 모든 중생을 위한 진리의 보물창고를 엽니다. 그리고 그러한 일에 아직 한 번도 권태를 느낀 일이 없고 대중 속에 있으면서 조금도 두려워하지 않으니 누구도 보살의 지혜를 깨뜨릴 수가 없습니다.

　보살은 모든 사물의 실상을 차례로 식별하고, 중생의 괴로움을 없애 주는 대자비심으로 모든 중생을 청정하게 하고 또 즐겁게 하며, 사자(獅子)의 자리에서는 뛰어난 설법으로 모든 중생을 위하여 깊은 진리를 설합니다.”

제7장

십행품(十行品)

– 보살의 10지(十地) –

그때 공덕림(功德林)보살은 부처님의 신통력을 받고 선복삼매(善伏三昧)에 들어 헤아릴 수 없는 여러 부처님을 만나 뵈었다.

여러 부처님들께서 공덕림보살에게 말씀하셨다.

"참으로 거룩한 일이다. 불자여, 그대는 능히 이 선복삼매에 들었다. 시방세계의 수없는 여러 부처님이 신통력을 주었기 때문에 그대는 이 선복삼매에 들 수가 있었던 것이다. 그리고 비로자나불의 본원력과 위신력(威神力)이, 그리고 여러 보살의 선근의 힘이 그대로 하여금 이 삼매에 들게 하고 마침내 깊고 깊은 법을 설하게 할 것이다.

즉 보살이 10행(十行, 열 가지 행)을 일으키는 것은 일체의 지혜를 증장하려 함이요, 모든 장애를 떠나서 무엇에도 집착하지 않는 세계에 들어가기 위한 것이며, 진실에 사는 한량없는 방편을 얻기 위한 것이고, 모든 진리를 받아들이고 몸으로 행하기 위한 것이다.

불자여! 그대는 부처님의 신통력을 받아 이 미묘한 법을 설해야 할 것이다.

이와 같이 여러 부처님은 공덕림보살에게 걸림 없는 지혜·안정된 지혜·스승을 필요로 하지 않는 지혜·한량없는 지혜·물러섬이 없는 지혜를 주시었다. 왜냐하면 이 삼매력은 법에 의해서 성취된 것이기 때문이다."

그때 여러 부처님은 제각기 오른손을 내밀어 공덕림보살의 머리를 어루만져 주었다. 공덕림보살은 삼매에서 일어나 많은 보살들을 향해 10행에 대해 설법하기 시작했다.

"여러 불자들이여, 보살의 행은 헤아릴 수가 없습니다. 그 광대함은 마치 법계와 같으며 무량무변하기가 마치 허공과 같습니다. 왜냐하면 보살은 삼세의 여러 부처님이 행하는 것을 배우고 있기 때문입니다.

불자여, 보살에게는 삼세의 여러 부처님이 설하신 10행(十行, 열 가지 행)이 있습니다. 10행이란 환희행(歡喜行), 요익행(饒益行), 무에한행(無恚限行), 무진행(無盡行), 이치란행(離癡亂行), 선현행(善現行), 무착행(無着行), 존중행(尊重行), 선법행(善法行), 진실행(眞實行)입니다.

불자여, 첫째로 보살의 환희행(歡喜行)이란 어떤 것입니까?

보살은 평등한 마음을 갖고 자기의 모든 것을 일체 중생에게 보시합니다. 보시하고 나서도 아까운 생각이 없으며 과보를 바라지 않고 명예를 바라지 않으며 좋은 세계에 태어나려고 생각하지도 않습니다. 오직 바라는 것은 일체 중생을 구하고 거두며, 여러 부처님의 행을 생각하고 배우고 몸에 지니고 실현하고, 모든 사람들에게 그것을 설법하는 것입니다. 이것이 보살의 환희행입니다.

즉 수없는 중생이 보살에게로 와서 '우리는 가난하고 아무런 희망도 없습니다. 아무쪼록 자비로써 목숨을 구해 주십시오'라고 말하면, 보살은 그 요구에 응하여 모두 다 만족시켜 줍니다. 중생이 구하는 게 있어서 찾아오면 보살은 위없는 대자비심을 일으켜 더욱 환희하여 이렇게 생각합니다.

'나는 바라던 일을 얻었다. 이들 중생은 나의 복전(福田)이며 나의 선지식이다. 내가 구하지 않았는데도 이 중생들이 와서 나를 가르치고 나를 발심시키고 불도를 수행시킨다. 나는 이와 같이 수행하여 널리 중생들을 기쁘게 해 주자. 내가 닦은 공덕으로 어서 속히 청정의 법신을 완성하고 중생들의 요구에 응하여 모두 다 환희를 얻을 수 있기를.

또 이 공덕으로 여러 중생이 모두 위없는 궁극의 깨달음을 성취할 수 있기를. 나는 먼저 일체 중생의 소원을 만족시키자. 그 후에 나의 위없는 궁극의 깨달음을 완성하리라.'

보살이 이렇게 생각할 때 보살은 주는 것을 보지 않고, 그 받는 것을 보지 않고, 재물을 보지 않고, 복전을 보지 않고, 업보를 보지 않고, 결과를 보지 않는 것입니다.

보살은 삼세의 중생을 관찰하고 이렇게 생각합니다. '참으로 불쌍한 일이다. 중생은 어리석음에 덮이고 번뇌에 싸이고 항상 생사 속에서 흔들리고 고해(苦海)를 헤매며 조금도 견고한 진실을 얻지 못하고 있다. 나는 여러 부처님들이 배우신 것을 모두 배우고 중생을 위하여 힘을 다하고 중생으로 하여금 위없는 궁극의 깨달음을 얻게 하자.' 이것이 보살의 환희행입니다.

불자여, 두 번째로 보살의 요익행(饒益行)이란 어떤 것입니까?

보살은 계율을 청정하게 지켜서 어떠한 감각의 대상에 있어서도 집착하는 마음이 없으며 중생을 위해서도 무집착의 법을 설하여 스스로의 이익을 구하지 않습니다. 오직 굳게 계율을 견고하게 가지고 다음과 같이 생각합니다. '나는 모든 번뇌와 두려움, 슬픔, 고통을 떠나 중생의 소원을 어기지 않고 아침에는 위없는 최고의 깨달음을 얻도록 하자.'

보살이 이와 같이 계율을 수호할 때 여러 마왕이 아름다운 천녀를 수없이 데리고 와서 보살을 유혹하려고 하여도 그는 다음과 같이 생각합니다. '이 오욕(五欲)은 불도의 장애가 된다. 이에 집착해서는 위없는 최고의 깨달음을 얻을 수 없다.' 그래서 보살은 직접 부처님을 만나뵌 이래 한 생각의 욕심도 일으키지 않고 마음이 청정하기가 마치 부처님과 같아졌습니다.

그때 보살은 다음과 같이 생각합니다.

'중생은 광야와 같은 생사 가운데서 오욕을 생각하고 오욕을 즐기며 오욕에 집착하고 오욕에 헤매며 오욕에 침몰하며 오욕에서 빠져 나올 수가 없다. 나는 지금 여러 마왕·천녀 및 일체 중생으로 하여금 무상의 계율을 세우게 하자. 또 가르쳐서 불퇴전(不退轉)의 경지를 얻게 하고 위없는 최고의 깨달음을 얻게 하자. 왜냐하면 이것이 내가 할 일이며 여러 부처님도 모두 이와 같이 행하였기 때문이다.

온갖 법은 허망하고 진실하지 못하며 잠시도 머물러 있지 않고 견고하지도 못하다. 그것은 마치 환상처럼 중생을 현혹케 한다. 모든 존재는 꿈과 같고 번개와 같이 무상한 것이라고 깨닫는 사람은 능히 생사를 헤아려 열반에 통달할 수가 있다. 또한 번뇌를 극복하지 못한 중생으로 하여금 번뇌를 극복케 하고, 고요하지 못한 중생들로 하여금 고요하게 하며, 청정하지 못한 중생들로 하여금 청정케 하고, 열반에 통달하지 못한 중생들로 하여금 열반에 통달케 할 수가 있다'라고 하는 것이 보살의 요익행입니다.

불자여, 세 번째로 보살의 무에한행(無恚限行)이란 어떤 것입니까?

보살은 항상 인내의 법을 행하고 스스로 겸손하고 남을 공경하며 온유한 얼굴로 상냥한 말을 쓰고 스스로를 해치지 않고 남을 해하지도 않으며 항상 다음과 같이 생각합니다.

'나는 항상 중생을 위하여 법을 설하고 모든 악을 떠나게 하자. 즉 탐욕·노여움·어리석은 마음·교만심·어지러운 마음과 질투심을 떠나게 하여 큰 지혜 속에서 안온케 하자.'

보살이 이와 같이 인내의 법을 완성하면, 예컨대 수없는 중생이 나쁜 소리를 내어 보살을 욕하고 헐뜯고 또한 여러 무기를 가지고 박해를 하더라도 보살은 언제나 다음과 같이 생각합니다.

'만약 내가 이 고통으로 인해서 노여운 생각을 일으킨다면 나 스스로 번뇌를 극복하지 못하고, 고요하지 못하고, 진실하지 않으며, 자기 몸을 애착하는 것이 될 것이다. 하물며 어떻게 남으로 하여금 환희의 마음을 일으켜 망집에서 빠져나오게 할 수 있겠는가.'

또한 보살은 다음과 같이 생각합니다. '나는 아득한 옛적부터 여러 가지 고통을 받았다. 그러므로 스스로 마음을 가다듬어 스스로 번뇌를 극복하자. 왜냐하면 나는 위없는 법에 안주해야 하기 때문이다.'

다시 보살은 중생으로 하여금 이 법을 얻게 하기를 원하여 다음과 같이 생각합니다.

'이 몸은 공적(空寂)하고 나[我]도 없으며, 나에게 속한 것도 없으며 진실의 본성도 없다. 모든 고락(苦樂)도 그 실체가 없다. 모든 것은 공한 것이라는 것을 나는 능히 깨닫고 사람들을 위해 널리 설하리라. 가령 내가 지금 고통이나 박해를 겪더라도 능히 그것을 참고 견디어야 한다. 즉 중생을 가엾이 여기고 중생을 안락케 하여 중생을 거두어 붙들고 중생으로 하여금 불퇴전의 경지를 얻게 하여 마침내는 위없는 최고의 깨달음을 완성시키고자 생각하여, 부처님이 행하던 법을 나도 또한 행해야 할 것이다'라고 하는 것이 보살의 무애한행입니다.

불자여, 네 번째로 보살의 무진행(無盡行)이란 어떤 것입니까?

보살은 항상 많은 노력을 하고 정진을 합니다. 보살은 오욕 때문에 마음이 산란해지거나 노여움, 어리석음, 교만, 질투, 원망 때문에 번뇌하는 일이 없습니다. 또 보살은 다음과 같이 생각합니다.

'어떠한 중생도 괴롭히려고 생각하지 않기 때문에 정진을 행한다. 또 모든 번뇌를 떠나려고 생각하여 모든 중생의 생사, 번뇌, 희망, 마음의 움직임을 알려고 생각하며, 여러 부처님의 진실한 법을 알려고 생각하고, 청정한 평등의 법을 알려고 생각하고, 여러 부처님은 무량무변하여 불가사의하다는 것을 알려고 생각하기 때문에 정진을 행한다.'

보살이 이와 같은 정진을 완성할 때 어떤 사람은 다음과 같이 물을 것입니다. '수없는 세계의 하나하나의 중생을 위해 당신은 천만억 년 동안 지옥의 고통을 받고 그 중생들로 하여금 열반에 들어가게 하려고 생각합니까?

또 수없는 여러 부처님이 세상에 출현하시어 수없는 중생들에게 갖가지 낙을 받게 하여도 당신은 낱낱이 지옥의 고통을 겪은 후 비로소 위없는 최고의 깨달음을 얻으려고 생각합니까?'

이에 보살은 다음과 같이 대답합니다. '나는 수없는 세계의 하나하나의 중생을 위하여 지옥의 고통을 받으리라. 또한 여러 부처님이 세상에 출현하시어 중생에게 기쁨을 주어도 나는 지옥의 고통을 두루 떠맡은 후에야 비로소 위없는 최고의 깨달음을 얻으리라.'

또 어떤 사람은 이렇게 물을 것입니다. '예컨대 당신이 한 개의 털끝으로 큰 바다의 물을 찍어내어 그 바다를 마르게 하고, 또한 수없는 세계를 부수어 티끌로 만든 후, 그 티끌을 낱낱이 셀 정도의 수많은 겁을 지내도 당신은 진리를 구하는 마음을 버리지 않겠습니까?'

보살은 이와 같은 말을 들어도 결코 퇴전하지 않고 후회하지 않으며 큰 기쁨과 노력으로 정진을 행하고 그리고 다음과 같이 생각합니다. '나는 내가 바라는 바를 얻을 수가 있다. 무량무변의 세계에서 고통 받는 중생들은 나에 의해서 영원히 고통에서 벗어날 것이다.'

다시 보살은 다음과 같이 생각합니다. '나는 일체 중생을 대신하여 일체의 고통을 받을 것이다. 그리고 일체 중생으로 하여금 마침내 모두 열반을 얻게 할 것이다.' 이것이 보살의 무진행입니다.

불자여, 다섯 번째로 보살의 이치란행(離癡亂行)이란 어떤 것입니까?

보살은 어떠한 경우에도 마음을 산란케 하는 일이 없습니다. 보살은 헤아릴 수 없는 겁 동안 정법을 들어왔습니다. 보살은 정법을 들으면서 아직 일찍이 정법에서 물러선 일이 없습니다. 왜냐하면 보살이 불도를 행할 때 아직 일찍이 중생의 삼매를 산란시킨 일이 없고 또한 정법이나 지혜를 끊은 일이 없기 때문입니다.

보살은 남의 험담을 들어도, 또한 칭찬하는 말을 들

어도 마음이 산란하지 않습니다. 선정(禪定)도 산란치 않고, 보살행도 산란치 않고, 보리심을 성숙시키는 데도 산란치 않고, 염불삼매도 산란치 않으며, 중생을 가르쳐 인도하는 지혜도 산란치 않습니다.

보살은 선정 가운데서 모든 음성의 모습을 관찰하고 그 본성을 알고 있습니다. 가령 다른 사람에게 좋고 나쁜 소리를 들어도 애증(愛憎)의 마음을 일으키는 일이 없습니다. 왜냐하면 보살은 모든 소리는 실체가 없고 무차별이라는 것을 알고 있기 때문입니다.

보살은 동작·말·마음이 적정하므로 법에서 퇴전하는 일이 없습니다. 그리고 선정에 안주하여 지혜는 깊어지고, 모든 음성을 떠난 삼매를 얻어 자비의 마음을 키우고, 한 생각 한 생각 속에서 한량없는 삼매를 얻고, 마침내는 일체의 지혜를 완성하게 할 것입니다. 보살은 다른 사람의 나쁜 소리를 듣고 나서도 다음과 같이 생각합니다. '나는 모든 중생으로 하여금 청정한 마음으로 안락케 하고 모든 지혜를 얻게 하여 마침내는 큰 열반의 세계를 완성시킬 것이다'라고 생각하는 것이 보살의 이치란행입니다.

불자여, 여섯 번째로 보살의 선현행(善現行)이란 어떤 것입니까?

보살은 동작·말·마음이 청정하며 모든 것이 실체가 없다는 지혜에 도달하고 있습니다. 보살의 동작·말·마음에는 속박도 없고 해탈도 없습니다. 그러므로 보살의 행동은 의지하는 곳이 없고 머무르는 곳이 없습니다. 다만 마음에 따라 나타나고 마음에 따라 움직입니다.

보살은 다음과 같이 생각합니다. '일체 중생은 자성(自性)이 없는 것을 자성으로 삼고, 일체의 것은 적멸을 성품으로 삼고, 일체 국토는 형체가 없음으로 형체를 삼았다. 또 과거·현재·미래의 삼세가 오직 말뿐이고, 모든 말이 여러 법 가운데 의지한 곳이 없고 모든 법이 말 가운데 의지한 곳이 없다.'

보살은 이와 같이 깊은 진리를 깨닫고, 모든 세계를 두루 다니며 고요한 것을 알고, 일체 여러 부처님의 심심한 묘법을 깨닫고, 불법과 세간법과는 동일하여 구별이 없다고 깨닫고 있습니다. 세간의 법은 부처님의 법과 일치하며 부처님의 법은 세간의 법과 일치합니다. 그러므로 보살은 부처님의 법과 세간의 법이 다르지 않다는 것을 깨닫고 있습니다.

보살은 삼세의 평등한 진리에 안주하여 자비심을 버리지 않고, 중생을 교화하고 인도하는 마음을 버리지 않고, 대자대비의 마음을 성숙시켜서 일체 중생을 구하기를 원합니다. 보살은 다음과 같이 생각합니다.

'내가 중생의 덕을 완성시키지 않으면 누가 완성시킬 수 있겠는가. 내가 중생의 번뇌를 극복하지 않으면 누가 극복시킬 수 있겠는가. 내가 중생의 고뇌를 가라앉히지 않으면 누가 가라앉힐 수 있겠는가. 내가 중생의 마음을 청정케 하지 않으면 누가 청정케 할 수 있겠는가.'

또 보살은 다음과 같이 생각합니다. '중생의 덕이 아직 완성되지 않았는데 나 홀로 위없는 궁극의 깨달음을 얻는다는 것은 잘못이다. 나는 우선 중생을 교화하고 인도하며 한없는 겁 동안 보살행을 수행하여 중생의 덕을 완성시키자.'

보살이 이와 같은 행에 안주할 때 여러 천인, 출가자

와 재가자들이 이 보살을 보고 마음으로부터 환희하고 공경할 것입니다. 만약 중생이 이 보살을 공경하고 예배하며 그 법에 따르면 마침내 위없는 궁극의 깨달음을 얻을 것입니다. 이것이 보살의 선현행입니다.

불자여, 일곱 번째로 보살의 무착행(無着行)이란 어떤 것입니까?

보살은 집착이 없는 마음으로 생각하며, 수없는 불국토를 관찰하고, 수없는 여래가 계신 곳으로 나아가 예배하고 공양합니다.

보살은 부처님의 광명을 받아도 마음에 집착하지 않습니다. 또 부처님의 설법을 들어도 혹은 시방세계와 부처님과 보살과 일체 대중 속에 있어도 집착이 없습니다. 보살은 청정하지 않은 나라를 보아도 미움을 느끼지 않습니다.

왜냐하면 보살은 그 마음이 적멸(寂滅)하고 모든 것은 평등하다는 것을 알고 있기 때문입니다. 즉 모든 것은 청정하지도 않고 부정하지도 않고, 암흑도 아니며, 광명도 아니고, 분별도 없으며, 무분별도 없고, 희망도 아니고,

진실도 아니며, 안락도 아니고, 위험도 아니며, 정도(正道)도 아니고, 사도(邪道)도 아니라는 것을 알고 있습니다.

이와 같이 보살은 모든 것의 진실한 모습을 관찰하고, 중생의 본성에 들어가 교화하고 인도하여 덕을 완성하였으므로 집착하는 마음이 없습니다.

또 보살은 보살의 마음을 버리지 않기에 부처님의 세계에 머물면서도 집착하지 않고, 여러 가지 말에도 집착하지 않고, 중생의 속에 들어가도 그 속에 집착하지 않고, 여러 선정을 분별하고 그 안에 들어가도 마음에 집착함이 없으며, 수없는 여러 부처님의 국토에 들어가 그 불국토를 보아도 집착하지 않고, 혹은 그 불국토를 떠날 때에도 미련을 갖지 않습니다.

그때 보살은 일체 중생이 여러 고통을 받고 있는 것을 보고 대비심을 일으켜 다음과 같이 생각합니다.

'나는 시방세계의 하나하나의 중생을 위해 한량없는 겁을 지나면서 항상 중생과 더불어 지내고 그 덕을 성취시키며 어떠한 경우에도 중생을 버리려는 생각은 티끌만큼도 하지 않을 것이다.'

이와 같이 보살은 생각 생각마다 대비심을 일으켜서 끊어지는 일이 없고 또 중생에게 집착하지 않습니다.

또 보살은 모든 보살행을 학습하고 몸에 갖추었으나 신체에 집착하지 않고, 진리에 집착하지 않고, 마음에 집착하지 않고, 소망에 집착하지 않고, 선정에 집착하지 않고, 적정(寂靜)에 집착하지 않고, 깊은 진리의 세계에 들어가는 일에 집착하지 않고, 중생을 교화·인도하여 그 덕을 성취시키는 일에 집착하지 않습니다. 왜냐하면 보살은 다음과 같이 생각하고 있기 때문입니다.

'일체의 세계는 환상과 같고 여러 부처님의 설법은 번개와 같고 보살의 행동은 꿈과 같고 듣는 불법은 메아리와 같다.'

보살은 일념 속에서 널리 시방세계에 충만하여 보살의 행을 거듭합니다. 그 행의 광대함은 마치 법계와 같으며 무량무변하기가 마치 허공과 같은 것입니다.

보살은 이와 같이 온갖 것이 무아(無我)라는 것을 관찰하였기에, 대비심을 일으켜 모든 사람들을 구하고, 아직 덕을 성취하지 못한 사람은 성취케 하고, 아직 번뇌를 극복하지 못한 사람은 번뇌를 극복하게 하고, 세간을 초월해 있으면서 더구나 세간을 따르게 합니다. 이것이 보살의 무착행입니다.

불자여, 여덟 번째로 보살의 존중행(尊重行)이란 무엇입니까?

보살은 항상 여러 부처님의 훌륭한 진리를 즐기고 오로지 위없는 최고의 깨달음을 구하여 잠시 동안도 보살의 대원(大願)을 버리지 않고 한량없는 겁 동안 보살의 도를 지니고 있습니다.

보살은 생각 생각마다 끝없는 생사의 고통을 벗으려는 대원을 키우고 있습니다. 만약 중생이 이 보살을 공경하고 예배하고 또한 그 소원을 들을 수가 있다면 중생은 불퇴전의 자리에 머물러 반드시 위없는 최고의 깨달음을 완성할 수가 있을 것입니다.

보살은 한 중생도 소홀히 여기지 않으며 많은 중생에게 집착하지도 않으며, 반대로 많은 중생을 소홀히 여기지도 않으며, 한 중생에게 집착하지도 않습니다. 왜냐하면 중생의 세계와 진리의 세계는 둘이 아니라는 것을 깨닫고 있기 때문입니다.

　이와 같이 보살은 깊은 진리의 세계를 깨닫고 형체 없는 형체로 머물면서 온갖 불국토에 몸을 나타내어도 그 불국토에 집착하지 않습니다.

　또한 보살은 모든 일에 대하여 욕망을 떠나 있어도 보살의 도를 그만두지 아니하고 보살의 행을 버리지 않습니다.

　보살이 지니고 있는 공덕의 보물창고는 다할 수가 없으며 중생을 교화하고 인도하는 것도 또한 다할 수가 없습니다. 즉, 보살은 궁극의 깨달음에 도달해 있는 것도 아니며 도달해 있지 않은 것도 아닙니다. 집착을 떠나 있는 것도 아니며 떠나 있지 않은 것도 아닙니다. 세간의 일도 아니며 부처님의 진리도 아니고 범부도 아닙니다.

　보살은 이와 같이 중생을 소중하게 생각하는 지혜의 마음을 성취하여 항상 보살의 행을 닦고, 일체 중생으로 하여금 영원히 나쁜 길에서 떠나게 하고, 중생을 교화하고 인도하여 삼세의 여러 부처님의 진리 속에 편안히 머물게 합니다.

그리고 다음과 같이 생각합니다.

'모든 중생은 은혜와 옳은 것[恩義]을 모르고 서로 해치며, 사심이 불타오르고 정도(正道)를 어겨서 번뇌가 많으며, 무지의 어둠에 덮여 있다. 나는 오로지 일체 중생의 번뇌를 극복하고 일체 중생을 청정케 하고 또한 구하려고 생각할 뿐이다.' 이것이 보살의 존중행입니다.

불자여, 아홉 번째로 보살의 선법행(善法行)이란 어떤 것입니까?

보살은 일체 중생을 위하여 청정한 진리의 연못이 되며 정법을 수호하여 부처가 될 씨앗[佛種]이 끊어지지 않게 합니다. 보살은 중생의 바람과 능력에 따라 설하고 하나하나의 말에 한량없는 의미를 담고 사람들을 기쁘게 합니다. 가령 중생이 수없는 말을 알고 한량없는 숙업이나 인과응보를 알고 있고, 그와 같이 중생이 한량없이 세계에 충만해 있어도, 보살은 그 안에 있으면서 진리의 말로써 이들 사람들의 마음을 눈뜨게 합니다.

그때 보살은 다음과 같이 생각합니다. '한 오라기 털 끝만한 곳에도 잠깐 사이에 수없는 중생이 와서 모인다.

이와 같이 해서 일념 일념 사이에 과거·현재·미래에 걸쳐 모이더라도 중생은 다하지 않을 것이다. 더구나 중생들의 말은 같지 아니하고 그 물음은 제각기 다르더라도, 나는 그 중생의 문제를 마음에 조금의 두려움도 없이 모두 들어서 단 한 마디로써 의문의 그물을 부수고 중생들로 하여금 모두 기쁘게 할 것이다.'

보살이 설법하는 말은 진실이며, 한 마디 한 마디 가운데 한량없는 지혜가 담겨져 있으며, 그 지혜의 광명은 일체의 세계를 비추고 중생의 공덕을 완성합니다.

보살은 선법행에 머물며 스스로 청정한 가운데 이와 같이 일체 중생을 교화하고 인도합니다.

불자여, 이 보살에게는 열 가지 몸이 있습니다.

첫째, 무량무변의 법계에 들어가는 몸입니다. 그것은 일체 세간을 초월하고 있습니다. 둘째, 미래신(未來身)입니다. 그것은 어떠한 국토에서도 태어날 수가 있습니다. 셋째, 불생신(不生身)입니다. 그것은 일찍이 난 일이 없다는 진리를 얻고 있습니다. 넷째, 불멸신(不滅身)입니다. 그것은 일찍이 멸한 일이 없다는 진리를 얻고 있습니다.

다섯째, 진실신(眞實身)입니다. 그것은 진실의 도리를 얻고 있습니다. 여섯째, 무지를 떠나 있는 몸입니다. 그것은 중생의 바람에 응하여 교화하고 인도합니다. 일곱째, 과거도 미래도 없는 몸입니다. 그것은 여기서 죽고 저기서 난다는 일이 전혀 없습니다. 여덟째, 불괴(不壞)의 몸입니다. 그것은 법계의 본성은 파괴할 수가 없다는 진리를 얻고 있습니다. 아홉째, 일상(一相)의 몸입니다. 그것은 과거·현재·미래를 나타낼 도리가 없습니다. 열째, 무상(無相)의 몸입니다. 그것은 법의 형체를 잘 관찰하고 있습니다.

보살은 이와 같은 열 가지 몸을 완성하여 일체 중생을 위하여 스스로 집이 됩니다. 보살은 선(善)의 능력을 기르고 있기 때문입니다. 보살은 일체 중생을 구호합니다. 중생에게 두려움이 없는 마음을 주기 때문입니다. 보살은 일체 중생의 귀의처가 됩니다. 중생으로 하여금 평안한 세계에 안주하도록 하기 때문입니다. 보살은 일체 중생의 지도자가 됩니다. 중생에게 무상도(無上道)에 이르는 문을 열어 보이기 때문입니다.

보살은 일체 중생의 스승이 됩니다. 중생으로 하여금 진실의 법에 들게 하기 때문입니다. 보살은 일체 중생의 등불이 됩니다. 왜냐하면 중생에게 인과응보를 환히 보게 하기 때문입니다. 보살은 일체 중생의 밝은 지혜가 됩니다. 왜냐하면 중생으로 하여금 미묘한 불법을 얻게 하기 때문입니다. 보살은 일체 중생의 횃불이 됩니다. 중생에게 여래의 자재력(自在力)을 나타내기 때문입니다.

이 보살은 선법행에 머물러 일체 중생을 위하여 청정한 진리의 연못이 됩니다. 보살은 심심미묘한 불법의 근원을 얻고 있기 때문입니다. 이것이 보살의 선법행입니다.

불자여, 열 번째로 보살의 진실행(眞實行)이란 무엇입니까?

보살은 진리의 말을 성취하고 그 말대로 행하고 또 행하는 대로 설법합니다. 보살은 삼세 부처님들의 진실의 말을 배우며 삼세 부처님들의 본성에 들어가 삼세 부처님들의 공덕과 함께 합니다.

보살은 또 다음과 같이 생각합니다.

'일체 중생이 한량없는 고통을 받고 있는 것을 보고

나는 이것을 구하려고 생각한다. 만약 아직 중생을 구하기 전에 스스로 위없는 최고의 깨달음을 이룬다면 이것은 옳지 않다.

나는 먼저 보살의 대원을 만족한 후, 일체 중생으로 하여금 위없는 보리와 무여열반(無餘涅槃)을 얻게 하며 성불케 할 것이다. 왜냐하면 중생은 나에게 의뢰하여 보리심을 일으키는 것이 아니다. 나 자신이 보리심을 일으켜 일체 중생으로 하여금 온갖 종류의 지혜를 얻게 하려고 생각하기 때문이다.

나는 일체 중생 가운데 가장 으뜸이다. 왜냐하면 중생에게 집착하지 않기 때문이다. 나는 일체의 암흑을 떠나 있다. 왜냐하면 중생의 끝이 없음을 알고 있기 때문이다. 나는 얻을 것을 얻고 있다. 왜냐하면 본래의 소원을 성취하고 있기 때문이다. 나는 선을 모두 닦아가고 있다. 왜냐하면 삼세의 모든 부처님에게 보호받고 있기 때문이다.'

보살은 본래의 서원을 버리지 않기 때문에 최고의 지혜에 들어갈 수가 있습니다. 보살은 일체 중생의 바람에

응하여 교화하고 인도하며 그 본래의 소원에 따라 중생의 소원을 만족시키고 모두 청정케 합니다. 보살은 생각 생각마다 널리 시방의 세계에 유행(遊行)하며, 생각 생각마다 한량없는 부처님 나라에 두루 나아가며 생각 생각마다 한량없는 부처님들을 만나 뵙니다.

보살은 여래의 자재한 신통력을 나타내며, 그 마음은 법계와 허공계에 동등합니다. 그 몸은 한량없어 중생의 바람에 응하여 나타나고, 몸과 마음 모두가 방해를 받는 일이 없으며 의지함이 없습니다.

보살은 자신 가운데 일체 중생, 일체 법과 삼세의 여러 부처님들이 모두 나타나 있습니다. 보살은 중생의 갖가지 생각과 갖가지 욕망과 갖가지의 업보를 알며, 중생의 요구에 응하여 그 몸을 나타내고 중생의 번뇌를 가라앉힙니다.

보살은 대비심에 머물러 부처님의 큰 가르침을 실천하며 적정(寂靜)의 세계를 관찰하고 있습니다. 보살은 또 부처님의 위신력을 얻어 자유자재하게 보배로 엮은 그물과 같은[因陀羅網] 법계에 들어 여래의 해탈을 성취하고, 지혜의 큰 바다를 관찰하여 항상 일체 중생을 위해 활동하고 있습니다. 이것이 보살의 진실행입니다."

그때 부처님의 신통력으로 시방의 모든 세계가 여섯 가지로 진동하였으며, 하늘에서 꽃비, 향비, 영락의 비, 보배의 비가 내렸다. 또한 하늘의 광명은 두루 일체를 비추고 하늘의 음악은 스스로 미묘한 울림으로 퍼져 나왔다.

그때 수없는 불국토에서 수없는 보살들이 와서 저마다 공덕림보살에게 말하였다.

"얼마나 기쁜 일입니까? 불자여, 당신은 능히 여러 가지 보살의 행을 설법해 주셨습니다. 우리들은 당신과 같은 이름인 공덕림이며 우리들의 국토는 공덕당(功德幢), 우리들의 부처님은 보공덕(普功德)입니다. 불자여, 우리들은 부처님의 신통력을 받고 이 국토에 와서 당신의 설법을 증명합니다."

제8장

십무진장품(十無盡藏品)

– 보살이 갖추어야 할 열 가지 덕목 –

그때 공덕림보살은 여러 보살들에게 말하였다.

"불자여, 보살에게는 열 가지의 보장(寶藏)이 있는데 삼세의 모든 부처님들이 이미 말씀하신 바입니다.

열 가지의 보장이란 무엇입니까? 그것은 신장(信藏), 계장(戒藏), 참장(慚藏), 괴장(愧藏), 문장(聞藏), 시장(施藏), 혜장(慧藏), 정념장(正念藏), 지장(持藏), 변장(辯藏)입니다.

첫째로, 보살이 얻는 믿음의 보물창고[信藏]란 무엇입니까?

보살은 일체 법이 공(空)함을 믿고, 일체 법이 형태가 없음을 믿고, 일체 법에는 이것을 만드는 주체가 없음을 믿고, 일체 법은 불생(不生)이라고 믿고 있습니다. 만약 보살이 이와 같은 신심(信心)을 완성하면 가령 부처님·중생·법계·열반계 등의 불가사의한 것에 관하여 들어도 놀랍고 두려운 마음을 갖지 않습니다. 왜냐하면 보살은 여러 부처님 밑에서 닦은 신심이 견고하여 무너지는 일이 없기 때문입니다.

부처님은 무량무변의 지혜를 갖추고 계십니다. 더욱이 시방세계에 무수한 부처님들이 계시어 이미 위없는 최고의 깨달음을 얻었고, 이미 열반에 들었습니다. 부처님들의 지혜는 더하는 일도 없고 덜하는 일도 없고, 생기는 일도 없고 멸하는 일도 없습니다.

보살은 이와 같이 무변무진한 믿음의 보물창고를 완성하여 여래의 큰 힘을 타고 나아가며, 모든 불법을 지키고 일체의 덕을 닦고, 모든 여래의 덕에 따르고 모든 부처님들의 방편에 나아가고 있습니다. 이 믿음의 보물창고는 결코 퇴전하지 않는 믿음, 산란하지 않는 믿음, 깨뜨리지 않는 믿음, 집착하는 일이 없는 믿음, 여래 본성의 믿음입니다. 이것이 보살의 다함없는 믿음의 보물창고입니다.

불자여, 둘째로, 보살이 얻는 계율의 보물창고[戒藏]란 무엇입니까?

보살은 여러 가지 계를 성취합니다.

첫째는 요익계(饒益戒)입니다. 보살은 중생의 이익을 위하여 일하고 중생을 안락케 합니다.

둘째는 불수계(不受戒)입니다. 보살은 외도(外道)의 여러 가지 계를 받지 않고 과거·현재·미래의 부처님들이 설하신 평등의 계를 지킵니다.

셋째는 무착계(無着戒)입니다. 보살은 어떠한 세계의 계에도 집착하지 않습니다.

넷째는 안주계(安住戒)입니다. 보살은 어떤 계도 깨뜨리지 않고 청정하여 의심도 후회도 없는 계를 성취합니다.

다섯째는 부쟁계(不諍戒)입니다. 보살은 항상 열반으로 향하는 계에 따르고 이 계를 위하여 중생을 괴롭히는 일이 없습니다. 보살이 계를 지니는 것은 다만 중생의 이익을 생각하고 중생을 환희케 하기 위해서입니다.

여섯째는 불뇌해계(不惱害戒)입니다. 보살은 계를 지님으로써 중생을 괴롭히거나 주술(呪術)을 배우는 일은 없습니다. 왜냐하면 보살은 중생을 구하기 위해 계를 지니기 때문입니다.

일곱째는 부잡계(不雜戒)입니다. 보살은 한쪽의 견해를 떠나야만 인연을 관찰하고 청정의 계를 갖습니다.

여덟째는 이사명계(離邪命戒)입니다. 보살은 다만 청정한 계를 지니고 오로지 불법을 구하며 일체의 지혜를 성취하려고 생각할 뿐입니다.

아홉째는 불악계(不惡戒)입니다. 보살은 스스로 교만하여 '나는 계율을 잘 지키고 있다'라고 말하지 않습니다. 또 계를 범하는 사람을 보고도 경멸하거나 괴롭히지 않습니다. 다만 일심으로 계를 지닐 뿐입니다.

열째는 청정계(淸淨戒)입니다. 보살은 살생, 도둑질, 음행, 거짓말, 나쁜 말, 이간하는 말, 성내는 일, 어리석음, 바르지 못한 소견 등에서 떠나 오로지 계를 지킵니다.

보살은 다음과 같이 생각합니다.

'만약 중생이 계를 범한다면 그것은 중생의 그릇된 생각에 의한 것이다. 모든 부처님들은 중생이 그릇된 생각에 의하여 계를 범한다는 것을 알고 계십니다. 그래서 나는 오로지 불도를 구하고 위없는 최고의 깨달음을 완성하여 널리 중생을 위해 진실의 법을 설하고, 중생들로 하여금 그릇된 생각을 떠나 청정의 계를 지니게 하고 모두 위없는 최고의 깨달음을 성취케 하자.'

이것이 보살의 다함없는 계장(戒藏)입니다.

불자여, 셋째로, 보살이 얻는 참회의 보물창고[慚藏]란 무엇입니까?

보살은 스스로 자기의 과거세를 생각합니다.

'나는 한량없는 옛적부터 부모형제들에게 죄를 범해 왔다. 혹은 상대를 업신여기고 스스로 교만하였으며, 혹은 믿음이 산란하여 바른 믿음을 잃고 화를 내어 친근함이 없어졌으며, 이와 같이 혼미하여 여러 가지 악을 지어 왔다. 일체 중생도 또한 그와 마찬가지로 여러 가지

죄를 범하고 있다. 이럴진대 어찌하여 좋은 일이 있겠는
가. 그러니 나는 스스로 죄를 부끄럽게 생각하여 위없는
최고의 깨달음을 완성하고 또한 중생을 위하여 진실의
법을 설하고 중생으로 하여금 죄를 부끄럽게 생각하여
위없는 최고의 깨달음을 완성하도록 하자.'

이것이 보살의 다함없는 참회의 보물창고입니다.

불자여, 넷째로, 보살의 부끄러움을 아는 보물창고[愧
藏]란 무엇입니까?

보살은 스스로 자신의 부끄러움에 대해서 생각합니다.

'나는 옛날부터 감각의 대상이나 처자형제나 재산이
나 보물 등에 관한 탐욕이 끝이 없었다. 이러한 일은 그
만두지 않으면 안 된다.'

또 다음과 같이 생각합니다.

'중생은 나쁘고 거친 마음을 품고 서로 해치고 있다.
그러나 중생들은 그것을 조금도 수치로 생각하지 않는
다. 이 때문에 혼미 속에 빠져 끝없는 고뇌를 받고 있다.
삼세의 부처님들은 모두 이것을 아시고 있다. 나는 자기

의 행위를 스스로 부끄럽게 생각하여 위없는 최고의 깨달음을 완성하고 널리 중생을 위하여 이 진리를 설하고 불도를 완성시키자.'

이것이 보살의 끝없는 부끄러움을 아는 보물창고입니다.

불자여, 다섯째로 보살이 법문을 듣는 보물창고[聞藏]란 무엇입니까?

보살은 많은 진리를 듣습니다. 이를테면 보살은 이것이 있으므로 저것이 있고, 이것이 없으므로 저것도 없다. 어떤 일이 일어나니까 다른 일도 일어나고 어떤 일이 멸하니까 다른 일도 멸한다는 상대관계를 알고 있습니다. 또 보살은 이 세계의 진리, 이 세계를 초월하고 있는 진리, 모양이 있는 세계의 진리 등을 알고 있습니다.

보살은 다음과 같이 생각합니다.

'중생은 혼미의 세계에서 수많은 윤회를 거듭하면서도 불도를 닦을 줄을 모른다. 그러니 나는 노력·정진하여 불도를 배우고 일체 부처님들의 법을 지녀서 위없는 최고의 깨달음을 완성하고 또한 널리 중생을 위하여 진실

의 법을 설하고 위없는 궁극의 불도를 완성시키자.'

이것이 보살의 끝없이 법문을 듣는 보물창고입니다.

불자여, 여섯째로, 보살이 행하는 보시의 보물창고[施藏]란 무엇입니까?

보살은 열 가지 종류의 보시를 합니다. 즉 수습시법(修習施法), 최후난시법(最後難施法), 내시법(內施法), 외시법(外施法), 내외시법(內外施法), 일체시법(一切施法), 과거시법(過去施法), 미래시법(未來施法), 현재시법(現在施法), 구경시법(究竟施法)입니다.

첫째로, 보살의 수습시법(修習施法)이란 무엇입니까?

보살은 어떠한 귀중한 물건과 맛있는 음식에도 집착하지 않고 모두 사람들에게 보시합니다.

보시한 후에 만약 남은 것이 있으면 자기가 그것을 먹고 다음과 같이 생각합니다.

'내가 식사를 하는 것은 내 몸 속의 약 팔만 마리 가량의 작은 벌레들을 위해서이다. 나의 몸이 안락하면 그들도 또한 안락하고 나의 몸이 굶주림에 고통받으면 그

115

들도 또한 굶주림에 고통스러울 것이다.'

이와 같이 보살이 식사를 하는 것은 몸속의 벌레를 위한 것이며 그 맛을 보는 것이 아닙니다.

또 보살은 다음과 같이 생각합니다. '나는 오랫동안 자기 몸을 위해 마실 것, 먹을 것을 탐해 왔다. 나는 조속히 이 몸을 떠나는 일에 노력정진하자.' 이것이 보살이 행하는 보시의 방편입니다.

둘째로, 보살이 행하는 가장 어려운 보시법[最後難施法]이란 무엇입니까?

만약 보살이 갖가지 맛있는 음식이나 의복, 그 밖의 생활도구를 자기를 위해 사용하면, 목숨을 연장하여 쾌적한 인생을 보낼 수가 있습니다. 반대로 만약 이것을 모든 사람들에게 보시한다면 보살은 곤궁해지며 목숨이 단축될 것입니다. 그러한 경우 어떠한 거지가 나타나 보살에게 모든 것을 소망해 왔습니다.

그때 보살은 다음과 같이 생각합니다.

'나는 여태까지 목숨을 버린 일은 수없이 많았으나 남을 구하기 위해 자기 목숨을 버린 일은 아직 한 번도 없었다. 다행히 맛있는 음식과 의복을 얻은 것은 더없는 기쁨이다. 이제 나는 목숨을 버리고 일체를 바쳐서 중생을 위해 아끼지 않고 큰 보리를 완성하자.'

이것이 보살이 최후에 행하는 가장 어려운 보시입니다.

셋째로, 보살이 신명을 버려 행하는 보시[內施法]란 무엇입니까? 보살은 젊었을 때 단정하고 아름다운 모습에다 맑은 얼굴을 가졌으며 청정한 의복에 장식을 달고 국왕의 자리에 앉아 천하를 다스리고 있었습니다.

그때 어떤 거지가 나타나서 왕에게 말했습니다.

'나는 지금 늙고 병들고 쇠약하고 고독하고 아무도 돌보아 주는 사람이 없습니다. 이대로 있으면 반드시 죽어버릴 것입니다. 대왕이시여, 아무쪼록 나를 살려 주십시오. 만약 내가 당신처럼 왕의 몸을 얻을 수가 있다면 나는 당신의 수족, 혈육, 뇌수(腦髓) 등을 쓸 수 있을 것입니다. 아무쪼록 자비하신 마음으로 나에게 보시해 주십시오.'

보살은 그때 다음과 같이 생각합니다.

'나의 몸도 마침내는 거지와 같은 운명이 될 것이다.

만약 죽어버리면 무엇 하나 보시할 수도 없게 된다. 그렇다면 조속히 이 몸을 버리고 목숨을 구하자.' 보살은 기꺼이 자기 몸을 거지에게 보시하였습니다. 이것이 보살이 신명을 버려 행하는 보시법입니다.

넷째로, 보살이 자신의 지위를 버려 보시하는 법[外施法]이란 무엇입니까? 보살은 젊었을 때 단정하고 엄숙한 모습에 그 얼굴은 더욱 맑았으며 깨끗한 옷을 입고 장식을 몸에 달고 국왕의 자리에 앉아 천하를 다스리고 있었습니다.

그때 한 거지가 나타나서 왕에게 말했습니다.

'나는 나이 많고 병들고 쇠약해서 마침내 빈곤 속에서 목숨이 끊어질 것입니다. 저와는 달리 대왕께서는 모든 즐거움을 몸에 지니고 계십니다. 대왕이시여, 아무쪼록 왕위를 저에게 보시해 주십시오. 나는 천하를 다스려 왕의 행복을 만끽할 것입니다.'

보살은 그때 다음과 같이 생각합니다.

'부귀는 덧없는 것이다. 그것은 마침내 빈천(貧賤)으로 변할 것이다. 만약 빈천해지면 남에게 보시할 수도 없고

그 소원을 이루어 줄 수도 없다. 그렇다면 조속히 왕위를 버리고 거지의 마음을 만족시켜 주자.'

이때 보살은 기꺼이 왕위를 보시하였습니다.

이것이 보살이 자신의 지위를 버려 보시하는 법입니다.

다섯째로, 보살이 안과 밖의 모든 것을 버려 행하는 보시의 법[內外施法]이란 무엇입니까?

보살은 젊었을 때 단정하고 엄숙한 모습에다 그 얼굴은 더욱 맑았으며 청정한 의복을 입고 장식을 몸에 달고 국왕의 자리에 앉아 천하를 다스리고 있었습니다.

그때 한 거지가 나타나 왕에게 말했습니다.

'나는 나이 많고 병으로 쇠약하여 은근히 대왕의 생활을 바라고 있습니다. 대왕이시여, 아무쪼록 당신의 자리와 천하를 저에게 보시해 주십시오.'

보살은 그때 다음과 같이 생각합니다.

'나의 몸과 재보(財寶)는 모두 덧없는 것이며 마침내 사라져 갈 것이다. 나는 지금 나이도 젊고 힘도 왕성하여 천하의 부(富)를 갖고 있는데 더구나 구걸하는 사람이 눈앞에 나타나 있다. 나는 이제 이 덧없는 것 가운데

서 영원한 진실을 구하자.'

보살은 이와 같이 마음속으로 생각하고 기꺼이 모든 것을 버려서 거지에게 보시하였습니다.

이것이 보살이 안과 밖의 모든 것을 버려 행하는 보시의 법입니다.

여섯째로, 보살이 일체 모든 것을 버려 행하는 보시의 법[一切施法]이란 무엇입니까?

보살은 젊었을 때 단정하고 엄숙한 모습에 그 얼굴은 더욱 맑았으며 향기 높은 탕에서 목욕을 하고 청정한 의복을 입고 장식을 몸에 달고 국왕의 자리에 앉아 천하를 다스리고 있었습니다.

그때 한 거지가 나타나 왕에게 말했습니다.

'대왕의 이름은 널리 세계에 알려져 있습니다. 나는 멀리서 왕의 이름을 듣고 찾아왔습니다. 대왕이시여, 바라옵건대 대왕의 모든 지위와 재보를 나의 소망에 맡겨서 이 마음을 만족시켜 주십시오.'

그리고 그 거지는 왕의 나라와 성, 처자, 권속, 수족, 혈육, 두뇌 등 모두를 요구해 왔습니다.

그때 보살은 다음과 같이 생각합니다.

'아무리 친한 사람이라도 만나면 마침내 헤어지기 마련이다. 지금 남에게 보시를 하지 않으면 그 소원을 이루어 줄 수 없을 것이다. 나는 조속히 탐애의 마음을 떠나서 모든 것을 버리고 남을 위해 힘을 다하자.'

보살은 이와 같이 마음으로 생각하여 기꺼이 거지에게 모든 것을 보시하였습니다.

이것이 모든 것을 버려 행하는 보시의 법입니다.

일곱째로, 보살이 과거의 여러 부처님들과 보살들의 보시법을 본받아 행하는 보시법[過去施法]이란 무엇입니까?

보살은 과거의 부처님의 행이나 보살의 행이나 공덕을 들어도 그에 집착하지 않고, 망상도 일으키지 않습니다. 다만 사람들을 교화하고 인도하기 위하여 몸을 나타내고 널리 법을 설하고, 중생으로 하여금 불법을 완성시키려고 생각할 뿐입니다.

또 보살은 가령 시방세계를 두루 다니며 과거의 여러 법을 관찰하더라도 그 실체를 얻을 수가 없습니다.

그때 그는 다음과 같이 생각합니다.

'과거의 여러 가지 보시법을 모두 본받아 행하자.'

이것이 보살이 과거의 여러 부처님들과 보살들의 보시법을 본받아 보시를 실행하는 일입니다.

여덟째로, 보살이 행하는 미래의 보시법[未來施法]이란 무엇입니까?

보살은 미래의 여러 부처님과 보살의 행이나 공덕에 대해 들어도 그 모습을 그리지 않고, 집착하지 않으며, 그 부처님 나라에 탄생하려고 생각하지도 않고, 욕심을 내지도 않으며, 싫어하지도 않고, 마음을 닦아 산란하는 일이 없습니다.

다만 중생을 교화하고 인도하며 중생으로 하여금 불법을 성숙시키게 하려고 진실을 관찰할 뿐입니다.

이 진실의 법은 그 소재가 있는 것도 아니고, 없는 것도 아니고, 안에 있는 것도 아니고, 밖에 있는 것도 아니며, 멀리 있는 것도 아니고, 가까이 있는 것도 아닙니다.

이것이 보살이 미래의 보시법을 실행하는 일입니다.

아홉째로, 보살이 행하는 현재의 보시법[現在施法]이란 무엇입니까?

보살은 4천왕·33천·야마천·도솔천 등 온갖 천상의 세계, 혹은 성문·연각의 공덕을 자신의 몸에 지니고 있다는 것을 알아도 그 마음은 미혹하지 않고, 두려움을 품지 않고, 항상 고요하여 집착하지 않습니다.

보살은 다만 다음과 같이 생각합니다.

'모든 현상은 꿈과 같고 모든 행은 모두 진실이 아니다. 중생은 그것을 모르기 때문에 미혹의 세계에 유전하는 것이다.'

보살은 중생을 위하여 널리 설법하고 중생으로 하여금 모든 악을 떠나 불도를 완성시키고 이와 같이 스스로 보살의 도를 닦아 마음에 미혹이 없습니다.

이것이 보살이 현재의 보시법을 실행하는 일입니다.

열째로, 보살이 행하는 궁극의 보시법[究竟施法]이란 무엇입니까?

많은 중생 가운데는 눈·귀·코·수족 들이 없는 사람이 있습니다. 이들은 보살에게 '우리들은 불구자이며 불행한 몸입니다. 바라옵건대 보시로써 우리들을 완전하게 해 주십시오'라고 말했습니다.

그때 보살은 기꺼이 자기의 것을 보시하였습니다.

그 때문에 보살은 가령 자기가 한량없는 겁 동안 불구자가 되어도 일념의 후회도 일으키지 않습니다.

다만 보살은 스스로 자기 몸을 관찰해 보건대 '이미 수태(受胎) 때부터 부정(不淨)하고 악취를 뿜으며 한 조각의 실체도 없고, 골절이 서로 연결된 그 위에 피와 살이 덮이고 여러 구멍에서는 항상 부정한 물이 흐르고, 이리하여 마침내는 시체가 된다'고 보았기에 일념의 애착도 일으키지 않습니다.

또 보살은 다음과 같이 생각합니다.

'이 몸은 연약하고 위태롭다. 어찌하여 이 몸을 애착하겠는가. 기꺼이 사람들에게 보시하여 그 소원을 만족시켜 주자. 그리고 마침내는 중생의 마음을 열고 교화하며 인도하고 모두 청정한 법신(法身)을 얻게 하며 심신의 몸에서 떠나게 하자.'

이것이 보살이 행하는 궁극의 보시법이며, 이상이 보살이 행하는 보시의 보물창고입니다.

불자여, 일곱째로 보살이 얻는 지혜의 보물창고[慧藏]란 무엇입니까?

보살은 형상의 세계와 마음 세계의 고뇌, 그 고뇌의 원인, 그 고뇌가 소멸한 열반, 고뇌를 소멸하는 실천을 분명히 알고 있습니다.

또 근본무지의 고뇌, 그 원인, 그 멸한 열반, 소멸의 방법도 분명히 알고 있습니다. 또 성문·연각·보살의 제각기의 법, 그 열반도 분명히 알고 있습니다. 그렇다면 보살은 이 가르침을 어떻게 알고 있는 것입니까?

보살은 온갖 것은 모두 숙업의 과보이며 인연에 따라 생하고 있다고 알고 있습니다. 그러므로 모든 것에는 자아의 실체가 없고 견고하지 않으며 진실이 아니고 모두가 공(空)하다는 것을 알고 있으며 널리 중생을 위해 진실의 법을 설하고 있습니다. 즉 '온갖 것은 마침내 파괴되는 것이 아니다'라고.

형상의 세계, 마음의 세계는 파괴되는 것이 아니고 근본 무지도 파괴되는 것이 아니며 또한 성문·연각·보살의 제각기의 법도 파괴되는 것이 아닙니다.

왜냐하면 온갖 것은 스스로 생한 것도 아니고 남에 의해서 만들어진 것도 아닙니다. 그것은 불생(不生)이고 불멸(不滅)이며, 보시하는 것도 아니고 받는 것도 아니며, 말로써 나타낼 수가 없기 때문입니다. 보살은 이와 같은 무진의 혜장을 완성하고 스스로 구극의 도에 도달하고 있습니다.

이것이 보살이 얻는 다함없는 지혜의 보물창고입니다.

불자여! 여덟째로 보살이 얻는 기억의 보물창고[正念藏]란 무엇입니까?

보살은 무지의 암흑에서 떠나 과거의 한 생, 열 생, 백 생 내지는 한량없이 많은 생애와 세계와 생성소멸의 되풀이를 마음에 생각합니다.

또 보살은 한 부처님 혹은 한량없이 많은 부처님들의 이름을 기억하고, 한 부처님의 출현이나 혹은 많은 부처님들의 출현을 기억하고, 한 부처님의 한 설법이나 많은 부처님들의 많은 설법을 기억하고, 하나의 번뇌나 많은 번뇌를 기억하고, 하나의 삼매나 많은 삼매를 기억합니다.

이와 같은 보살의 기억에는 열 가지가 있습니다.

즉 고요한 기억, 청정한 기억, 탁하지 않은 기억, 분명한 기억, 티끌을 여읜 기억, 가지가지의 티끌을 여읜 기억, 때를 여읜 기억, 광명이 빛나는 기억, 사랑스러운 기억, 장애가 없는 기억입니다. 보살이 이 기억을 할 때 어떠한 세간도 보살의 마음을 교란시킬 수는 없고 어떠한 악마도 그 마음을 움직일 수는 없습니다. 보살은 부처님들의 진리를 마음에 견지하고 분명히 그 까닭을 깨달아 아직 그릇된 일이 없습니다.

이것이 보살의 다함없는 기억의 보배창고입니다.

불자여, 아홉째로 보살이 얻는 가르침의 보물창고[持藏]란 무엇입니까?

보살은 여러 부처님에게서 하나의 경전 내지 한량없이 많은 경전을 배우고, 한 자나 한 구절도 잊은 일이 없습니다. 일생 동안이나 잊지 않고 또한 많은 생애 동안도 잊은 일이 없습니다.

보살은 한 부처님 내지 많은 부처님들의 이름을 들어

기억하고 있습니다. 또 하나의 세계 내지 많은 세계의 이름을 기억하고 있습니다. 또 하나의 법회 내지는 많은 법회를 맡아보고 있습니다. 또 한때의 설법 내지 많은 때의 설법을 시험하고 있습니다. 또 하나의 번뇌 내지는 많은 번뇌를 분별하고 있습니다. 또 하나의 삼매 내지 많은 번뇌에 드나들고 있습니다.

이것이 보살이 얻는 가르침의 보물창고입니다.

불자여, 열째로 보살이 얻는 말씀의 보물창고[辯藏]란 무엇입니까?

이 보살은 깊은 지혜를 완성하여 일체 중생을 위하여 여러 가지 진리의 말씀을 전하고 있습니다.

보살은 한 경전의 진리 내지는 한량없이 많은 경전의 진리를 설하고 또 한 부처님의 이름 내지 수없는 부처님들의 이름을 설하고, 또 하나의 세계·하나의 법회·하나의 설법·하나의 번뇌·하나의 삼매 내지 제각기 수없이 많은 세계·집회·설법·번뇌·삼매를 설하고 있습니다.

하루에 한 구절 내지 하나의 법을 설하여도 끝이 없

으며 한량없이 오랜 시간에 한 구절 내지 하나의 법을 설하여도 끝이 없습니다.

다시 말하면 시간의 흐름을 다하는 일은 있어도 한 구절이나 혹은 하나의 설법을 다하지는 못할 것입니다. 왜냐하면 이 보살은 열 가지 다함없는 보물창고를 완성하고 있기 때문입니다. 또한 일체의 불법을 닦고 있으며 다라니(陀羅尼)도 얻고 있기 때문입니다.

보살은 이 다라니에 의해서 일체 중생을 위해서 불법을 전하니 그 미묘한 음성은 시방의 세계에 충만하여 중생의 번뇌를 제거하고 중생으로 하여금 모두들 환희케 합니다.

보살은 중생의 모든 음성, 언어, 문자를 분별하고 일체 중생으로 하여금 여래의 종자를 끊이지 않도록 하며 불법을 전하는 데 조금도 권태를 느끼지 않습니다.

왜냐하면 보살은 커다란 허공에 충만한 청정의 법신을 완성하고 있기 때문입니다.

이것이 보살의 다함없는 말씀의 보물창고입니다.

불자여, 이상이 보살이 얻는 열 가지 보물창고이며 이에 의해서 일체 중생은 위없는 궁극의 깨달음을 완성할 수가 있는 것입니다."

제9장
십회향품(十廻向品)
– 보살의 공덕과 깨달음의 회향 –

　금강당보살은 부처님의 신통력을 받아 명지삼매(明智三昧)에 들었다. 삼매에 완전히 들어가자 시방세계의 무수한 불국토에 계시는 무수한 부처님들을 뵈올 수 있었다.

　그때 여러 부처님들은 금강당보살에게 다음과 같이 말씀하셨다.

　"얼마나 훌륭한 일인가. 불자여, 그대는 능히 명지삼매에 들어갈 수가 있었다. 그대가 삼매에 들 수 있는 것은 시방세계의 무수한 부처님들이 그대에게 신통력을 주셨기 때문이다. 또 그대로 하여금 무량한 불법, 열 가지 회향의 실천을 설하게 하려고 생각하셨기 때문이다. 불자여, 그대는 부처님의 신통력을 받아 마땅히 이 법을 설해야 할 것이다."

그때 여러 부처님께서는 금강당보살에게 무량한 지혜와 지장 없는 불법의 광명과 일체의 여래와 똑같은 몸과 온갖 보살의 불가사의한 삼매의 방법과 모든 장소에서 끊어짐이 없는 설법의 능력을 주셨다.

그때 여러 부처님들은 각기 오른손을 내밀어 금강당보살의 머리를 쓰다듬으셨다. 그러자 금강당보살이 삼매로부터 일어나 여러 보살들에게 이렇게 말했다.

"불자여, 이 보살의 불가사의한 대원은 두루 일체 중생을 구하고 지켜주려 함입니다. 보살은 이 원을 세우고 삼세제불의 회향을 배우고 있습니다.

불자여, 보살의 회향이란 어떤 것입니까? 보살의 회향에는 열 가지가 있습니다. 과거·현재·미래의 여러 부처님들은 모두 이 회향에 대해 설하셨습니다. 열 가지란 어떤 것입니까?

첫째는 일체 중생을 구호하면서 중생이라는 관념을

떠난 회향, 둘째는 깨뜨려짐이 없는 회향, 셋째는 모든 부처님과 평등한 회향, 넷째는 모든 처소에 이르는 회향, 다섯째는 다함이 없는 공덕장(功德藏) 회향, 여섯째는 평등에 따르는 공덕의 회향, 일곱째는 평등하게 일체 중생에 따르는 회향, 여덟째는 진여(眞如)의 실상으로 향한 회향, 아홉째는 속박도 집착도 없는 해탈의 회향, 열째는 한량없는 법계의 회향입니다.

불자여! 이 보살의 열 가지 회향은 삼세의 부처님들이 설하시는 것입니다.

불자여, 첫째로 '일체 중생을 구호하면서 중생이라는 관념을 떠난 회향'이란 어떤 것입니까?

이 보살은 보시·지계·인욕·정진·선정·지혜의 6바라밀을 수행하여 다음과 같이 생각합니다. 내가 행하는 바의 선(善)은 일체 중생에게 도움이 되고 중생으로 하여금 마침내 청정하게 할 것이다. 내가 행하는 바의 선으로써 일체 중생을 지옥·아귀·축생 따위의 고통으로부터 구하자.'

또 다음과 같이 생각합니다.

'나는 이 선을 회향해서 스스로 일체 중생을 위해 집이 되자. 스스로 일체 중생을 위해 구호자가 되자. 스스로 일체 중생을 위해 귀의처(歸依處)가 되자. 스스로 일체 중생을 위해 안락처가 되자. 스스로 일체 중생을 위해 큰 광명이 되자. 스스로 일체 중생을 위해 등불이 되자.'

불자여, 보살은 이와 같은 무량한 선을 회향하여 일체의 지혜를 완성시킬 것입니다. 불자여, 보살은 친한 자를 위해서나 원한이 있는 자를 위해서 온갖 선을 회향하여 결코 차별하지 않습니다. 왜냐하면 보살은 일체를 평등히 보아 멀고 가까움을 초월해 있기에 항상 자애의 눈으로 온갖 중생을 보는 까닭입니다. 만약 중생이 나쁜 마음을 품고 보살을 해치려 든다면 보살은 그 중생을 위해 좋은 안내자가 되어 온갖 훌륭한 진리를 설명해 줄 것입니다.

보살이 보리심을 일으켜 온갖 선을 회향하는 것은 한 중생을 위하는 까닭도 아니며, 한 부처님을 믿고자 하는 까닭도 아니며, 한 부처님의 법을 듣고자 하는 까닭도 아닙니다.

보살은 일체 중생을 구하기 위해 온갖 선을 회향합니다. 일체의 불국토를 정화하고, 일체의 부처님을 믿고, 일체의 부처님을 공경·공양하고, 일체의 부처님이 설하시는 바른 법을 듣기 위해 온갖 선을 최고의 깨달음을 향해 회향하는 것입니다.

보살은 다음과 같이 생각합니다.

'이 회향의 공덕으로 일체 중생이 항상 여러 부처님들을 뵈옵고, 부처님들 밑에서 깨뜨려지지 않는 신심을 얻고, 바른 법을 듣고 가르침대로 수행하여 지혜와 해탈을 완성하며, 일체 중생에 대해 자애의 눈길을 돌려 마침내 부처님 계신 곳에 안주하게 되었으면 좋겠다.'

보살은 또 이렇게 생각합니다.

'일체 중생은 헤아릴 수 없는 악업을 거듭 짓고 있다. 또 숙업(宿業)을 거듭 받고 있다. 이 숙업으로 인하여 헤아릴 수 없는 고통을 받고 여래도 뵈올 수가 없으며 정법(正法)을 듣지도 못한다. 나는 지옥·아귀·축생의 삼악도 속에서 중생의 고통을 대신 받아 중생으로 하여금 해탈을 얻게 하리라.'

보살은 이와 같이 회향하여 집착하는 데가 없습니다. 중생이나 세계의 모양에도 집착하지 않고, 말에도 집착하지 않는 것입니다. 보살은 오직 중생으로 하여금 진실한 법을 깨닫게 하기 위해 회향하고, 일체 중생은 평등하다고 알아 회향하고, 자신의 욕망을 떠나 온갖 선을 관찰하여 회향합니다. 보살은 이러한 선의 회향으로 영원히 일체의 악을 떠남으로써 부처님께서 찬탄하는 자가 됩니다.

불자여, 이것이 '일체 중생을 구호하면서, 중생이라는 관념을 떠난 회향'입니다.

불자여, 둘째로 '깨뜨려짐이 없는 회향'이란 어떤 것입니까?

이 보살은 과거·현재·미래의 여러 부처님의 처소에서 깨뜨려짐이 없는 청정한 믿음을 얻었기에 모든 부처님들께서 기뻐하고 계십니다. 보살의 마음은 물러섬이 없고 휴식이 없고 잠시도 태만함이 없습니다. 보살은 근심이나 고민도 품지 않고 모든 집착을 떠나 부처님 계시는 곳에 안주하고 있습니다.

보살은 빛깔도 없고 형체도 없는 진리 자체의 세계를 관찰하며 그 보리심은 진리 자체가 되어 있으며 어떤 존재에도 집착하지 않고 회향하며 처음으로 보리심을 일으킨 이래 뛰어난 선을 실천하여 남김없이 회향합니다. 보살이 실천한 선은 비록 생사 중에 있어서도 깨뜨려지는 일이 없습니다.

　　보살은 진실한 지혜를 구하여 물러나지 않으며 어떤 환경에서도 마음이 어지러워지지 않으며 일체의 중생을 깨닫게 하고자 노력하며 집착하는 바가 없습니다.

　　보살은 이같이 무명을 떠나 보리심을 성취하며 청정한 마음으로 일체가 평등함을 관찰하여 존재의 진실을 깊이 깨닫는 것입니다. 업은 마치 꿈같고, 그림자 같고, 업보는 번개 같고, 인연에서 생긴 존재들은 메아리 같고, 보살행은 그림자 같다고 알며, 또 집착을 떠난 지혜의 눈이 열리는 곳, 보살의 활동은 언제나 늘 작용하면서도 조금도 작용함이 없어서 모든 존재에 있어서 둘이 아님을 깨달아서 보살은 있는 그대로의 진실에 도달합니다.

　　보살은 이렇게 온갖 선을 회향하여 두루 일체 법계를

비추고 일체의 지혜를 성취하고 있습니다. 불자여, 이것이 '깨뜨려짐이 없는 회향'입니다.

보살이 이 회향에 안주하면 무수한 부처님을 뵐 수 있으며 온갖 청정한 진리를 얻게 되며 일체 중생에 있어서 평등한 마음을 지니며 무명을 떠나 일체의 존재를 깨달으며 온갖 여래의 자재한 신통력을 얻어서 모든 악마를 꺾으며 장애 없는 지혜를 얻어 스스로 마음의 눈을 뜨게 됩니다. 이것이 보살의 '깨뜨려짐이 없는 회향'입니다.

불자여, 셋째로 '모든 부처님과 평등한 회향'이란 어떤 것입니까?

보살은 삼세제불의 회향을 배웁니다. 보살이 보살행을 닦을 때, 그 마음은 청정하여 사랑도 미움도 없으며 모든 근심과 고민을 떠나 정직한 마음을 얻어서 몸과 마음이 부드럽고 깨끗해집니다.

이런 기쁨을 얻을 때에 보살은 여러 부처님께 다음과 같이 회향합니다.

'모든 부처님께서는 이 이상 없는 맑은 즐거움을 누리고 계시거니와 다시 다음과 같이 되기를 축원하자. 즉 부처님들께서는 불가사의한 부처님의 즐거움을 갖추시고, 헤아릴 수 없는 부처님의 삼매의 즐거움을 닦으시고, 헤아릴 수 없는 대자비의 즐거움을 성취하시고, 다시 부처님들의 헤아릴 수 없는 힘의 즐거움, 영원히 일체의 번뇌를 떠나는 즐거움, 적멸의 극치에 이르러 결코 변함이 없는 즐거움, 어지러워지지도 않고 깨뜨려지지도 않는 행(行)의 즐거움을 갖추시게 되시라.'

보살은 이렇게 온갖 선을 부처님들께 회향한 다음 또 다시 일체 보살들에게 다음과 같이 회향합니다.

'원컨대 아직 만족하고 있지 않은 자는 모두 만족시켜 주고, 아직 마음이 청정해지지 않은 자는 모두 청정하게 해 주어서, 금강(金剛)같이 견고한 보리심에 안주하여 일체의 지혜에 있어서 물러섬이 없도록 하여 주고, 태만한 마음을 떠나 보리심을 일으키게 하여 각자의 소원을 만족케 하자.' 보살은 온갖 선을 일체 보살에게 회향합니다.

그리고 보살은 일체 중생으로 하여금 부처님을 뵙고 법을 듣고 승가에 접근하도록 하기 위해 다음과 같이 회향합니다. 즉 오로지 부처님을 생각하게 하고자 회향하며, 청정하고 뛰어난 법을 염원하게 하고자 회향하며, 스님을 공경하고 존중하게 하고자 회향합니다.

또 보살은 일체 중생으로 하여금 부처님을 뵙고 멀어져 감이 없게 하고자 회향하며, 온갖 청정한 마음을 완성케 하고자 회향하며 모든 의혹을 제거하게 하고자 회향합니다. 보살은 일체 중생으로 하여금 모두 위없는 궁극의 깨달음을 얻고자 하는 마음을 일으키게 하여 그 마음을 길러서 오로지 일체의 지혜를 구하게 합니다.

보살은 집에서 처자와 함께 있어도 잠시라도 깨달음을 구하는 마음을 떠나지 않고, 모든 지혜의 경계를 마음에 떠올려 스스로 깨달음을 지향하며, 다른 사람들도 깨달음으로 인도합니다. 보살은 솔직하고 평등한 마음을 가지고 여러 모습으로 처자·친척 앞에 나타나 방편의 지혜로써 모두 궁극의 해탈을 완성케 하며 함께 살면서도 마음에 집착하는 바가 없습니다.

또 보살은 대비심(大悲心)에 의하여 집에서 행동하고, 대자심(大慈心)에 의하여 처자와 함께 있어도 보살의 청정한 실천에 있어서는 아무런 장애를 받지 않습니다.

이와 같이 보살이 집에 있을 때에는 일체의 지혜의 마음을 가지고 온갖 선을 회향합니다. 이를테면 보살은 옷을 입고 음식을 먹고 걸을 때나 설 때나 앉을 때나 잘 때나 항상 언행에 조심하여 결코 흐트러지는 일이 없습니다. 보살은 이런 생활방식으로 온갖 선을, 최고의 깨달음을 중생에게 회향합니다.

보살은 이렇게 생각합니다.

'과거의 보살은 모두 부처님들을 공경·공양하고, 중생을 해탈케 하고 온갖 선을 행하여 깨달음에 회향했으며, 그리고도 집착함이 없었다. 모든 존재는 불생불멸이므로 어디에도 집착할 데가 없고 파괴될 수도 없으며 진실의 세계에 안주하고 있다고 체득하고 있었다. 이런 과거의 보살같이 나도 또한 진리를 구하고 진리를 체득하여 모든 것은 환상 같고 번개 같고 물에 비친 달과 같고 거울 속의 그림자 같아서 실체가 없고 공(空)한 줄을 알자. 오직 여래만이 내가 도달해야 할 궁극의 세계다.'

보살은 이렇게 온갖 선을 회향하여 행동과 말과 마음이 청정해지며, 안주해야 할 곳에 안주하여 일체의 존재는 공이며 실체가 없다는 것을 깨닫습니다. 이러하기에 세간을 초월하는 진리를 배워서 마음에 조금도 집착하는 바가 없습니다.

이것이 보살의 '모든 부처님과 평등한 회향'입니다.

불자여, 넷째로 '모든 처소에 이르는 회향'이란 어떤 것입니까? 보살은 온갖 선을 배울 때, 그 선을 다음과 같이 회향합니다.

'나는 이 선의 힘을 모든 처소에 이르게 하겠다. 이를테면 사물의 실상은 세간에나 중생에나 과거·현재·미래의 삼세에나 이르지 않는 곳이 없듯이 내 선의 힘도 모든 처소에 이르러 두루 모든 부처님의 처소까지 도달하여 그것으로 부처님들을 공양하겠다.'

보살은 부처님들 밑에서 온갖 선을 행하여 일체의 힘을 부처님께 회향합니다. 오직 한마음으로 어지러움이 없고 흔들림이 없으며 집착을 떠난 고요한 마음을 가지고 여러 부처님들께 회향합니다. 보살은 막힘이 없는 진리의 등불을 얻어 중생을 가르치고 인도하여 모든 선을 중생에게 회향하면서 생사의 세계를 초월하게 합니다.

보살은 일체 중생으로 하여금 모든 무량한 부처님들을 뵙게 하며 온갖 것 중에 안주케 하며 모든 사물에 집착함이 없게 하며 헤아릴 수 없는 모든 세계에 들어가게 하고 또 선의 힘을 회향하여 모든 여래의 신통력 속에 들어가게 하고 그리하여 최고의 깨달음을 완성시킵니다.

보살은 이와 같이 선을 회향해서 일체 중생으로 하여금 모든 나라를 정화시키며 부처님의 자유자재한 힘을 얻어 중생들을 가르쳐 인도하고 스스로 모든 세간의 최상의 복전(福田)이 되어 중생을 위해 불법의 보배를 발굴하는 인도자가 됩니다.

보살은 일체 세간을 위해 밝은 등불을 켭니다. 보살이 닦은 하나하나의 선은 법계에 차고 넘쳐서 중생을 지켜주며 일체 중생으로 하여금 모두 청정한 공덕을 완성케 합니다. 불자여, 이것이 '모든 처소에 이르는 회향'입니다.

불자여, 다섯째로 '다함이 없는 공덕장(功德藏)의 회향'이란 어떤 것입니까?

이 보살은 온갖 선을 배움으로써 모든 숙업(宿業)의 장애를 뛰어넘습니다. 보살은 삼세제불과 모든 선(善)의 기뼘을 나누며 과거·현재·미래에 있는 일체 중생과도 선의 기쁨을 나눕니다. 온갖 여래를 존중·공경하고, 예배·공양하여 생기는 선(善), 여러 부처님들의 설법을 듣고 기억하여 그대로 수행함으로써 불가사의한 경계로 들어가는 선, 과거·현재·미래의 모든 부처님들께서 닦으신 다함없는 선, 모든 보살이 수행하는 선, 모든 부처님이 깨달음을 완성할 때의 최고선, 보살은 이와 같은 일체의 선에 의한 기쁨을 함께 나눕니다.

보살은 삼세 모든 부처님께서 처음으로 깨달음을 지향하는 뜻을 일으키신 후, 여러 보살행을 실천하여 마침내 부처가 되어 열반을 실현하는 사이에 얻는 선을 일체 중생에게 회향하여 그 모두와 함께 기쁨을 나눕니다. 보살은 이러한 모든 선을 남김없이 회향합니다.

보살은 온갖 청정한 공덕을 갖추고 지혜를 완성하여 모든 중생의 세계를 인식하고 어리석음을 떠나 해탈의 세계에 들어갑니다. 그리고 부처님을 믿고 불가사의한 법을 기억하고 청정한 승가를 찬탄합니다.

그 마음은 깨끗하기 허공과 같으며 일체의 법계를 완

전히 인식하고 있습니다.

보살은 또 온갖 불가사의한 삼매에 자유자재로 출입하며 일체의 지혜로 나아가고, 부처님들의 나라에 안주하여 능히 부처님들의 신통력을 분별하며 조금도 두려워하는 바가 없습니다. 보살은 일체 제불, 일체 보살, 일체 정각, 일체 대원, 일체 중생, 일체 세계에 회향하여 항상 여래를 뵙고 법계와 평등해지려고 생각합니다.

이와 같이 보살은 온갖 선을 회향함으로써 모든 세계를 정화하며, 모든 중생의 바다를 정화하며, 모든 부처님으로 하여금 법계에 충만케 하며, 또 여래의 청정한 법신으로 하여금 모든 불국토에 충만케 합니다.

보살이 이와 같이 회향할 때 그 회향의 위력에 의해 보살의 행위는 뛰어나서 비길 데 없고, 모든 세간도 이를 파괴하지 못하며, 온갖 악마를 항복받아 물러섬이 없는 공덕의 힘을 완전히 성취하여 헤아릴 수 없는 큰 소원이 완전히 채워집니다.

보살의 마음은 더욱 크고 넓어져서 순간에 무량한 모든 불국토에 갈 수 있으며, 무량한 지혜의 힘을 얻어 빠

뜨림 없이 부처님의 경계를 이해하고, 항상 일체의 불법을 보호하여 헤아릴 수 없는 대지에 안주하고 있습니다. 이것이 '다함이 없는 공덕장의 회향'입니다.

불자여, 여섯째로 '평등에 따르는 공덕의 회향'이란 어떤 것입니까?

보살은 숙업의 장애를 떠나 청정한 몸이 되고, 모든 보시를 행합니다. 이를테면 마실 것, 먹을 것, 의복, 가옥, 약, 기타 갖가지 보배를 보시하는 것입니다. 죄수가 고통받는 것을 보면 보살은 대비심을 일으켜 스스로 감옥을 찾아가 그를 구하고, 또 죄수가 사형장으로 호송되는 것을 보면 스스로 몸을 버려서 그의 목숨을 건집니다. 만약 중생이 희망해 오는 것에 대해서는 부귀빈천을 가리지 않고 모든 것을 보시하여 조금도 아까워하지 않습니다.

보살은 이와 같이 온갖 선을 회향한 다음 이렇게 생각합니다. '내가 행하는 보시는 집착과 번뇌가 없고, 그 마음은 곧아서 아까워하는 바가 없다. 나는 이런 보시 공덕의 힘으로 모든 중생으로 하여금 큰 지혜를 얻게 하고 마음에 장애가 없도록 하겠다.'

보살이 마실 것을 보시할 때에는 다음과 같이 회향합니다. '이 선행에 의해 일체 중생으로 하여금 불법의 감로를 마시게 하고 보살도를 완성하고 애욕을 제거하여 항상 대승을 희구하도록 하겠다. 삼매에 의해 마음을 가다듬고 지혜의 바다에 들어가 대법(大法)의 구름을 일으켜 대법의 감로를 비오듯 내리게 하리라.'

　　보살이 보시하는 음식, 이른바 매운 것·신 것·짠 것·단 것·담백한 것·쓴 것 등의 무한한 음식은 먹어도 싫증이 안 나며 몸을 부드럽게 하고 편안하게 합니다. 그 힘은 온몸에 넘쳐 기력이 강해지고 유쾌한 기분이 되며 눈과 귀 같은 각 기관은 밝고 깨끗해지며 살결은 윤이 나고 어떤 독도 침범하지 못하며 모든 병은 소멸하여 청정한 불법을 즐기게 하여 줍니다.

　　보살은 이렇게 무량한 음식을 보시할 때 다음과 같이 회향합니다.

　　'이 선행에 의해 모든 중생으로 하여금 법미(法味)의 깊은 지혜에 안주케 하며, 법계에 충만케 하며 모든 중생의 몸을 부드럽게 해 주겠다. 다시 모든 중생으로 하여금 무애(無碍)의 맛을 얻게 하며, 지혜의 수레를 타고 불퇴전(不退轉)의 자리에 나아가게 하여 청정한 불법에 안주하게 하겠다.'

보살이 집을 보시할 때는 다음과 같이 회향합니다. '이 선행에 의해 모든 중생으로 하여금 모두 불국토를 얻게 하며 공덕을 닦아 그 불국토를 장엄케 하며 깊은 삼매의 경지에 안주케 하고 그리고 그 경지에 집착함이 없게 하겠다.' 보살이 약을 보시할 때에는 다음과 같이 회향합니다.

'이 선행에 의해 모든 중생으로 하여금 온갖 장애에서 떠나게 하며, 병든 몸을 버리고 모두 여래의 청정한 법신을 얻게 하며 모든 악업의 병을 고치게 하며, 번뇌의 가시를 뽑게 하며, 일체의 병을 고치도록 하겠다.'

보살이 온갖 보배의 창고를 열어 보시할 때는 다음과 같이 회향합니다.

'이 선행에 의해 모든 중생으로 하여금 항상 부처님을 뵙고 어리석음을 떠나 정념(正念)에 머물도록 하겠다. 또 모든 중생으로 하여금 부처님의 가르침을 얻어 세계를 밝게 비치게 하며 일체 제불의 보배를 지키도록 하겠다. 또 모든 중생으로 하여금 승가에 의지하여 인색한 마음을 떠나 보시를 행하도록 하겠다. 또 모든 중생으로 하여금 일체를 깨닫는 마음의 보배를 얻어 청정한 보리심에서 물러섬이 없도록 하겠다.'

보살은 감옥에서 고통 받고 있는 죄수들을 보면 자기 몸까지도 버려서 감옥에 갇힌 사람들을 구합니다. 보살이 감옥에 갇힌 사람들을 구할 때 다음과 같이 회향합니다.

'이 선행에 의해 모든 중생을 애욕의 구속으로부터 해방하며, 또 모든 중생으로 하여금 생사의 흐름을 끊고 지혜의 피안에 이르게 하며, 또 모든 중생으로 하여금 무명(無明)을 제거하고 맑고 청정한 지혜를 얻게 하며, 또 모든 중생으로 하여금 영구히 번뇌를 없애고 장애 없는 지혜를 얻게 하며, 또 모든 중생으로 하여금 집착과 구속이 없는 마음을 얻게 하겠다.'

또 보살은 죄수가 호송되어 사형장으로 가는 것을 보면 스스로 목숨을 내던져 죄수의 고난을 구합니다. 그리고 이와 같이 생각합니다. '내 몸을 버려 그 목숨을 대신해 주자. 비록 내 고통이 헤아릴 수 없더라도 고통을 대신 받아 그를 해탈케 해 주자.'

보살은 다시 이렇게 생각합니다.

'이런 고통을 보고도 대신해 주지 않는다면 큰 이익을 잃게 된다. 왜냐하면 나는 오로지 중생을 구하기 위해 보리심을 일으켰기 때문이다. 그러므로 몸을 희생하여 그의 고통을 받아 주자.'

보살은 이와 같이 괴로워하는 사람을 구할 때 다음과 같이 회향합니다.

'이 보살행에 의해 모든 중생으로 하여금 영원히 근심과 슬픔과 고뇌를 떠나게 하며, 또 모든 중생을 온갖 공포에서 구하여 악도를 떠나게 하며, 또 모든 중생으로 하여금 영원한 생명을 얻어 죽음을 초월한 지혜에 이르게 하며, 또 모든 중생으로 하여금 공포 없는 경지에 이르러 모든 고뇌를 겪고 있는 중생을 지키도록 하겠다.'

또 진리의 말씀을 보시하는 사람이 있어서, '당신이 만약 몸을 불에 던진다면, 당신에게 법을 들려주리라'고

한다면 보살은 이를 듣고 기쁨에 차서 다음과 같이 말합니다.

'나는 진리의 말씀을 위해서라면 지옥에라도 떨어져 무량한 고뇌를 받겠다. 하물며 인간 세계의 작은 불에 들어가는 것만으로 법을 들을 수 있음에랴. 얼마나 다행한 일인가. 정법은 이렇게 얻기 쉽지 않은가. 나는 다행히도 지옥의 무량한 고통을 면하고 작은 불 속에 들어가는 것만으로 정법을 들을 수 있게 되었다. 부디 법을 설해 달라. 나는 불 속에 뛰어들겠다.'

보살은 기꺼이 불에 들어가 다음과 같이 회향합니다.

'모든 중생으로 하여금 온갖 악도의 불을 제거하여 즐거움을 받게 하며, 또 모든 중생으로 하여금 항상 법을 희구하여 보살의 마음을 얻어서 법을 체득하게 하며, 또 모든 중생으로 하여금 보살의 마음을 얻어 탐욕과 성냄과 어리석음의 불을 끄게 하며, 또 모든 중생으로 하여금 보살의 삼매를 얻어 널리 여러 부처님을 뵙고 크게 기쁜 마음을 얻도록 하겠다.'

보살이 정원이나 동산을 보시할 땐, 이렇게 생각합니

다. '나는 모든 중생들을 위해 스스로 진리의 숲이 되겠다. 나는 모든 중생들을 위해 즐거운 처소를 보여주겠다. 나는 모든 중생들을 위해 청정한 진리의 문을 열어 미혹의 세계에서 벗어나게 하겠다.'

보살은 이와 같이 정원이나 동산을 보시하고 모든 중생에게 다음과 같이 회향합니다. '모든 중생으로 하여금 뛰어난 공덕을 얻어 마침내는 더없는 깨달음의 마음을 완성케 하며, 모든 중생으로 하여금 항상 진리의 숲을 원하고 부처님 나라의 동산을 얻게 하며, 모든 중생으로 하여금 여래의 자유자재한 활동을 동경하여 두루 시방에 놀도록 하겠다.'

보살은 이와 같이 회향할 때 안에도 집착하지 않고 밖에도 집착하지 않고 환경에도 집착하지 않고 마음의 작용에도 집착하지 않고 인연에도 집착하지 않습니다. 따라서 보살은 어떤 것에도 구속받지 않습니다. 왜냐하면 모든 존재는 생기는 일도 없고 멸하는 일도 없고 스스로의 실체도 없으며 선도 없고 악도 없고 고요함도 없고 어지러움도 없으며 하나라든가 둘이라고 하는 것도 없는 까닭입니다.

보살이 이런 진리를 깨닫고 보면 사실 그런 진리도 역시 존재하지 않습니다. 왜냐하면 모든 것은 언어로 나타낼 수 없으며 꿈과 같고, 음향과 같고, 거울 속의 그림자와 같고, 그러면서도 인연과 숙업을 어기지 않는 까닭입니다. 깊은 숙업 속에 들어가 인생의 진실을 깨달으면 털끝만큼의 수행도, 활동도 없으면서 숙업과 수행의 길이 틀림없음을 알게 됩니다.

회향이란 무엇입니까? 고뇌로 가득 찬 생사의 피안에 건너가기 때문에 회향이라 하며, 5온(五蘊)의 피안에 건너가기 때문에 회향이라 하며, 언어의 세계의 피안에 건너가기 때문에 회향이라 하며, 중생의 모습의 피안에 건너가기 때문에 회향이라 합니다. 이것이 '평등에 따르는 공덕의 회향'입니다.

불자여, 일곱째로 '평등하게 일체 중생을 따르는 회향'이란 어떤 것입니까?

보살은 헤아릴 수 없는 온갖 선을 실천하여 중생을 성숙시키고 마침내는 중생의 깨달음을 완성케 하여 영원히 부정한 마음을 떠나 일체 제불의 가르침을 받아들이는 그릇이 됩니다. 보살은 두루 일체 중생을 위해 복덕의 밭이 되며 온갖 선을 낳아 그를 성숙시키며 자유자재한 힘을 얻어 일체 제불을 공양합니다.

보살은 모든 여래의 힘을 궁극까지 추구하며 하늘에 태어나기를 바라지 않으며 온갖 수행에 집착하지 않으며 생사 속에서 중생을 구해내되 중생에도 집착하지 않고 세상에도 의지하지 않으며 일체의 지혜의 문을 엽니다.

또 보살은 다음과 같이 생각합니다. '나는 헤아릴 수 없는 보시를 행할 때, 집착 없는 마음, 속박 없는 마음, 큰마음, 깊은 마음, 애증(愛憎)을 떠난 마음, 지혜의 광명으로 충만한 마음으로써 하겠다.'

보살은 또 생각 생각마다 다음과 같이 회향합니다.

'모든 중생으로 하여금 다함이 없는 공덕의 보물창고를 갖추게 하며, 일체 제불을 뵙게 하며, 모두 청정하고 평등한 마음을 얻게 하며, 부드러운 보시의 마음을 얻게 하며, 미래제가 다하도록 보시하게 하며, 깨뜨려짐이 없는 정직한 마음을 갖게 하며, 평등한 지혜를 얻어 온갖

것을 관찰케 하며, 모두 보살의 불퇴전의 힘을 얻어 평등히 만족케 하겠다.'

또 보살은 이렇게 회향할 때 다음과 같이 생각합니다.

'모든 중생으로 하여금 부처님의 지혜를 만족하게 얻고, 청정한 몸을 얻어 고요한 마음으로 삼세제불의 집에 태어날 수 있게 하겠다.'

보살은 이같이 회향을 행해서 평등한 숙업을 얻으며, 평등한 과보를 얻으며, 평등한 도(道), 평등한 원, 평등한 일체지(一切智), 평등한 일체행(一切行)을 얻어 이것으로 일체 중생을 완성시킬 수가 있습니다. 이것이 '평등하게 일체 중생에게 따르는 회향'입니다.

불자여, 여덟째로 '진여(眞如)의 실상에 회향한다는 것' 은 어떤 것입니까?

불자여, 보살은 지혜를 완성하여 부동의 세계에 안주합니다. 모든 경계에 있어서 불퇴전이요, 두려움이 없는 대승의 용맹심을 얻습니다. 보살은 다함이 없는 온갖 선을 닦고 일체 제불의 청정한 법을 염하면서 갖가지 방편으로 중생에게 회향합니다.

보살은 이 같은 온갖 선을 닦아 오로지 일체의 지혜가 둘이 아닌 경계를 관찰합니다. 보살은 이와 같은 온갖 선을 중생에게 회향하여 장애가 없는 몸을 성취하고 장애가 없는 마음의 작용을 갖추어 중생으로 하여금 대승의 세계에 안주케 하려고 합니다. 보살은 자유자재한 마음을 얻어 모든 존재를 비치며 깨뜨려짐이 없는 마음을 얻어 일체의 지혜를 갖추며 삼세의 일체 제불을 염하여 완전히 염불삼매를 체득할 수 있습니다.

보살은 모든 중생으로 하여금 모든 존재를 이해하게 하고자 회향하며, 모든 존재는 자성(自性)이 없다고 회향하며, 부처님들의 법에서 물러섬이 없고자 회향하며, 모든 중생을 안주케 하고자 회향합니다.

보살은 새롭게, 거듭 새롭게 보리심을 일으켜서 원컨대 미혹에서 오는 생사를 제거하여 중생을 청정하게 하려고 회향하며, 완전히 번뇌를 제거하여 일체의 지혜를 만족케 하고자 회향합니다. 이것이 '진여의 실상에 회향'하는 것입니다.

불자여, 아홉째로 '속박도 집착도 없는 해탈의 회향'이란 어떤 것입니까?

이 보살은 모든 선에 있어서 경박한 마음을 내지 않습니다. 이를테면 생사의 해탈을 가벼이 여기지 않는 마음, 오로지 온갖 선을 구하기를 가벼이 여기지 않는 마음, 부처님을 예배하기를 가벼이 여기지 않는 마음 등입니다.

보살은 항상 온갖 선을 닦아 그 선에 안주하며, 그 선에 마음을 쓰며, 그 선을 육성하고 그러면서도 그 선에 집착하지 않습니다. 보살은 속박도 집착도 없는 해탈심을 가지고 온갖 선을 회향하고, 보현보살과 같은 행위와 변재(辯才)와 마음의 작용을 갖추고 있습니다. 보살은 속박도 집착도 없는 해탈심을 가지고 보현보살과 같이 순간순간 속에서도 무량한 부처님을 뵙고, 그 설법을 들어 결코 잊는 일이 없습니다. 보살은 속박도 집착도 없는 해탈심을 가지고 보현보살과 같이 미래 영겁에 걸쳐 온갖 세계에서 진리를 전파하고 있습니다.

보살은 속박도 집착도 없는 해탈심을 가지고 궁극의 깨달음을 완성하여 현실 세계에 나타나 한 광명으로 모든 세계를 비추며 헤아릴 수 없는 지혜로써 항상 보현보살의 행을 수행하고 있습니다. 보살은 속박도 집착도 없는 해탈심을 가지고 모든 부처님의 장애 없는 법신을 얻어 부처님의 경지에 안주하며, 자유자재한 대승의 활동을 일으켜 온갖 중생을 위없는 궁극의 깨달음으로 향하게 하여 보현보살의 행과 원에 회향합니다.

보살은 속박도 집착도 없는 해탈심을 가지고 여래의 집에 태어나 보살행을 수행함으로써 무량하고 불가사의한 진리를 체득하고, 무량한 대원은 빠짐없이 완성하여 보현보살의 행을 따라 지혜의 세계를 다함없이 탐구합니다.

보살은 속박도 집착도 없는 해탈심을 가지고 무한한 시간을 한순간으로 만들며, 일체 중생의 무수한 생각을 한순간에 이해하며, 무량한 여러 몸을 한 몸 속에 섭수하여 보현보살의 깊은 마음의 세계에 들어갑니다. 보살은 속박도 집착도 없는 마음을 가지고 한 처소에서 무량한 여러 처소를 인식하며, 한 업(業)에서 무량한 여러 업과 연기(緣起)를 분별하며, 한 법에서 모든 법을 알며, 한 마디 말에서 무량의 음성이 마치 음향 같은 줄 알며, 한 진리 속에서 무수한 진리를 전파합니다. 이것이 '속박도 집착도 없는 해탈의 회향'입니다.

불자여, 열째로 '한량없는 법계의 회향'이란 어떤 것입니까?

보살은 대자비를 완성하여 중생의 마음을 깨달음으로 향하게 하고 중생을 위해 활동함에 잠시도 쉬는 일이 없습니다. 보살은 보리심을 가지고 온갖 선을 닦아 모든 중생을 위해 지도자가 되어 지혜의 길을 보여주며, 모든 중생을 위해 진리의 태양이 되어 두루 일체의 국토를 비추고, 모든 중생으로 하여금 선을 행하게 하여 잠시도 쉬는 일이 없습니다.

보살은 부처님께서 설하시는 진리를 듣고 분별하여 다시 그것을 중생에게 설법함으로써 다음과 같이 회향합니다.

'나는 마음을 오로지 하여 무량무변한 세계의 삼세제불을 바로 염원하여 보살의 의무를 행하겠다. 나는 한 세계에서 한 중생을 위해 미래 영겁에 걸쳐 보살의 의무를 행하겠다. 나는 모든 세계에서 모든 중생을 위해 미래 영겁에 걸쳐 보살의 의무를 행하겠다. 그리고 부처님과 보살이 떨어지지 않도록 하겠다.'

이를 위해 보살은 항상 현재의 모든 부처님을 뵙고 한 부처님으로부터도 떠난 적이 없습니다.

보살은 스스로 정직한 마음을 가지며 또 다른 사람으로 하여금 정직한 마음을 가지게 합니다. 보살은 스스로 무엇에나 인내하고, 온갖 선으로 그 마음을 가다듬으며 또 다른 사람으로 하여금 무엇에나 인내하고, 온갖 선으로 그 마음을 가다듬게 합니다. 보살은 스스로 온갖 의혹을 떠나며 또 다른 사람으로 하여금 온갖 의혹에서 벗어나게 합니다. 보살은 스스로 기쁜 신심(信心)을 얻으며, 또 다른 사람으로 하여금 기쁜 신심을 얻게 합니다.

보살은 이같이 온갖 선을 회향합니다.

'무량무변한 모든 부처님을 뵙고, 무량무변한 모든 중생을 가르쳐 인도하고, 무량무변한 모든 불국토를 정화하고, 무량무변한 보살의 온갖 지혜를 얻고, 무량무변한 온갖 선을 체득하겠다.'

또 보살은 온갖 선을 다음과 같이 회향합니다.

'진리의 세계가 무량하듯 지혜 또한 무량하다. 진리의 세계가 무량하듯 뵈옵는 부처님들도 또한 무량하다. 진리의 세계가 무량하듯 불국토에 들어가는 것도 또한 무량하다. 진리의 세계가 무량하듯 보살의 행(行)도 또한 무량하다. 진리의 세계는 끊을 수가 없듯 일체의 지혜도 또한 끊을 수가 없다. 진리의 세계가 한결같듯이 일체의 지혜도 또한 한결같다. 진리의 세계가 스스로 청정하듯 일체 중생도 또한 스스로 청정하게 한다.'

보살은 이와 같이 회향함으로써 진리의 세계는 주체가 없음을 깨닫고, 진리의 세계는 그 자신의 본성이 없으며 의지할 근거가 없음을 깨닫고, 진리의 세계는 적정하여 모든 형상을 떠났음을 깨닫는 것입니다."

그때 부처님의 신통력으로 말미암아 일체 시방세계는 여섯 가지 모양으로 진동했다. 그때 시방세계의 불국토에 무량무변한 보살이 있어서 부처님의 신통력을 힘입고 모두 구름처럼 모여 와 다음과 같이 말했다.

"얼마나 훌륭한 일인가. 불자여, 그대는 이 온갖 대회향에 대해 잘 설해 주셨습니다. 우리들은 모두 같은 이름으로서 금강당이라 하며, 금강광세계(金剛光世界)의 금강당 부처님 처소로부터 이 국토에 왔습니다. 저 온갖 세계에서도 부처님의 신통력으로 말미암아 같은 진리가 설해지고 있습니다. 우리들은 부처님의 신통력을 받아 저 국토로부터 왔거니와 그대를 위해 증명하겠습니다."

제10장

십지품(十地品)

- 보살이 수행해야 할 열 가지 실천 덕목

그때 부처님께서는 타화자재천왕궁(他化自在天王宮)의 마니보전에서 큰 보살들과 함께 계셨다. 그 보살들은 모두 최고의 바른 깨달음에서 물러나지 않는 이들로서 다른 세계로부터 모여 왔다. 그들의 이름은 금강장보살·보장보살·연화장보살·덕장보살·일장보살·월장보살·묘덕장보살·여래장보살·불덕장보살·해탈월보살 등 헤아릴 수 없는 많은 보살들이 있었다. 그 중에서도 금강장보살이 가장 으뜸이었다. 그때 금강장보살마하살이 부처님의 위신력을 받들어 보살의 큰 지혜광명 삼매에 들었다.

그때 시방세계의 모든 부처님께서 한결같은 음성으로 금강장보살을 찬탄하셨다.

　　"훌륭하고 훌륭하도다. 금강장이여, 그대는 보살의 큰 지혜광명 삼매에 들었구나. 그것은 시방세계의 티끌 수 같은 부처님이 다 같은 이름으로 그대에게 위신력을 더한 것이니 이른바 비로자나 부처님의 본래 원력 때문이며 그대에게 큰 지혜가 있기 때문이다.

　　또 그것은 이른바 보살 10지(十地)의 차별을 여실히 말하게 하려는 것이며, 보살 10지에 편히 머물게 하려는 것이며, 번뇌 없는 법을 분별해 말하게 하려는 것이며, 큰 지혜 광명으로 잘 분별해 스스로 장엄하게 하려는 것이며, 원만한 지혜의 문에 들게 하려는 것이며, 걸림 없는 변재의 광명을 얻게 하려는 것이며, 걸림 없는 큰 지혜 자리를 모두 갖추게 하려는 것이며, 보살의 마음을 잃지 않게 하려는 것이며, 모든 중생의 세계를 교화해 성숙시키게 하려는 것이니라.

　　금강장이여, 그대는 이 법문의 차별을 말해야 할 것이니 그것은 모든 부처님의 신력을 위해서이며, 그대의 선근을 청정하게 하기 위해서이며, 법계를 청정하게 하기 위해서이며, 중생을 이롭게 하기 위해서이며, 일체 세간의 길을 뛰어나게 하기 위해서이며, 세간을 뛰어난 선근을 깨끗하게 하기 위해서이다."

그리고 곧 시방의 여러 부처님은 금강장에게 진실하고 위없는 궁극의 깨달음을 주고 걸림 없이 잘 말하는 변재를 주며, 잘 분별하는 청정한 지혜를 주고, 잘 기억하여 잊어먹지 않는 힘을 주며, 잘 결정하는 지혜를 주고, 어디든 갈 수 있는 지혜를 주며, 모든 부처님의 무너지지 않는 힘을 주고, 모든 부처님의 두려움 없음을 주며, 모든 부처님의 일체 법을 잘 분별하고 법문을 잘 아는 걸림 없는 지혜를 주고, 모든 부처님의 가장 묘한 몸과 입과 뜻의 업을 주었다.

그때 시방의 모든 부처님이 다 오른손을 펴서 금강장보살의 머리를 어루만지셨다. 금강장보살은 곧 삼매에서 일어나 여러 보살들에게 말하였다.

"불자들이여, 이 모든 보살의 서원은 잘 결정되어 허물도 없고 부술 수도 없으며, 광대하기는 법계와 같고 끝이 없기는 허공과 같아 모든 부처님 세계의 중생들을 두루 덮습니다. 그것은 일체 세간을 구제하기 위해서요, 모든 부처님들의 신력의 보호를 받기 위해서입니다. 왜냐하면 모든 보살마하살은 과거 모든 부처님의 지혜의 자리에 들어갔고 또 미래와 현재의 모든 부처님의 지혜의 자리에 들어갔고 또 들어갈 것이기 때문입니다.

어떤 것이 보살마하살의 지혜의 자리인가. 보살마하살의 지혜의 자리에는 열 가지가 있습니다. 첫째는 환희지(歡喜地)이며, 둘째는 이구지(離垢地)이며, 셋째는 발광지(發光地)이며, 넷째는 염혜지(焰慧地)이며, 다섯째는 난승지(難勝地)이며, 여섯째는 현전지(現前地)이며, 일곱째는 원행지(遠行地)이며, 여덟째는 부동지(不動地)이며, 아홉째는 선혜지(善慧地)이며, 열째는 법운지(法雲地)입니다.

이 10지(十地)는 삼세의 모든 부처님이 이미 말씀하셨고 지금도 말씀하시며 또 장차 말씀하실 것입니다. 나는 모든 부처님의 국토에서 이 10지를 말하지 않는 이를 보지 못했습니다. 왜냐하면 이 10지는 보살이 수행하는 최상의 미묘한 진리이며, 최상의 밝고 깨끗한 법문으로서 이른바 10지의 일을 분별하는 것이기 때문입니다. 불자들이여, 이 일은 불가사의한 것이니, 이른바 보살의 모든 자리[地]의 지혜를 따르기 때문입니다."

금강장보살은 10지의 이름을 설명한 뒤에 다시는 분별하지 않고 잠자코 있었다.

그때 모든 보살은 10지의 이름을 듣고는 모두 그 진리에 대해서 듣고자 바라면서 이렇게 생각했다.

'무엇 때문에 금강장보살은 10지의 이름만을 말하고 잠자코 있는가.'

그때 금강장보살이 다시 자리에서 일어나 10지에 대하여 설명했다.

"불자들이여, 초지인 환희지(歡喜地)에 들어가자마자, 보살은 범부지(凡夫地)를 초월한 자가 되며, 보살의 확정된 자리에 들어가며, 여래의 집에 태어나며, 깨달음을 궁극의 목적으로 해서 미래의 혈통에 속하는 자가 됩니다.

불자여! 그래서 환희지에 들어간 보살은 많은 환희가 있게 됩니다. 그는 환희의 보살지에 들어가자마자, 곧 이러한 서원을 세웁니다.

'모든 부처님을 공양하고 공경하기 위해, 모든 뛰어난 모습을 갖추고 뛰어난 확신을 가지고 마음을 청정히 하겠다.

모든 여래께서 설하신 진리의 눈을 수지(受持)하고, 그 가르침을 지켜 가겠다.

여러 부처님들이 세상에 나오시는 온갖 세계에서 갖가지 보살의 생존의 모습을 나타내겠다.

모든 보살의 10지에 이르는 길을 있는 대로 가르치며 바라밀의 청정한 가르침을 설하며, 보시로 이루어진 발심을 하겠다. 모든 중생계를 성숙시키기 위해 불법에 들어가고, 모든 미혹을 끊으며 전지자의 지혜에 안주하게 하기 위해 모든 중생계의 성숙에 힘쓰겠다. 넓고 좁고 크고 작은 모든 곳에 두루 들어가, 제석천의 그물같이 시방의 온갖 분별에 들어가는 지혜를 얻겠다.

모든 국토가 한 국토에 들어가고, 한 국토가 모든 국토에 두루 들어가, 무량한 불국토의 광명으로 장식되며, 모든 번뇌를 떠나 청정한 도에 도달하며, 헤아릴 수 없는 지혜로 중생을 채워 주겠다. 어떠한 대가도 바람도 없는 선근(善根)을 닦기 위해, 여러 부처·보살과 떨어짐이 없기 위해, 궁극에 도달한 초자연적인 능력을 얻기 위해, 불가사의한 대승의 진리를 갖추도록 하겠다. 물러섬이 없는 보살행을 하기 위해, 신(身)·구(口)·의(意)의 활동이 헛되지 않게 하기 위해, 번뇌를 제거하기 위해 활동을 게을리 하지 않겠다.

모든 세계에서 더없는 깨달음을 얻기 위해, 또 온갖 중생의 경계 안에서 위대하고 완전한 열반을 나타내 보이기 위해, 또 부처님의 위대한 경계·위신력·지혜에 도달하기 위해, 또 중생의 소원에 응해 그때그때에 맞는 분별과 편안을 나타내기 위하여, 대지(大智)의 활동을 계속하겠다.'

불자들이여, 제1의 보살지에서 아주 청정한 수행을 한 보살은 두 번째 단계 즉 제2 보살지인 이구지(離垢地)를 원하게 됩니다. 그에게는 열 가지 마음가짐이 일어납니다. 열 가지 마음가짐이란 정직·유연(柔軟)·근면·교화·정적·진실·잡란되지 않는 것·돌아보지 않는 것·큰 마음가짐입니다. 그래서 더러움을 떠났다[離垢]라는 제2의 보살지에 들어간 것이 됩니다.

불자여, '이구'라는 보살지에 든 보살은 본래 열 가지 선한 행위의 길[十善業道]을 갖춘 구도자입니다. 열 가지 선한 행위의 길은 다음과 같습니다.

그는 살아 있는 목숨을 해치는 것에서 떠납니다. 그는 주어지지 않은 것을 훔치는 일에서 떠납니다. 그는 욕정에 사로잡힌 행위에서 떠납니다. 그는 거짓말에서 떠납니다. 그는 이 말 하고 저 말 하는 일에서 떠납니다. 그는 욕설에서 떠납니다. 그는 야유하는 말에서 떠납니다. 그는 탐욕이 없는 자가 됩니다. 그는 성내지 않는 자가 됩니다. 그는 바른 견해를 가진 자가 됩니다.

또한 그는 중생을 관찰한 끝에 다음과 같이 생각합니다.

'아, 그들 중생은 악한 견해에 떨어지고, 지혜도 악하며 뜻도 악하다. 아, 그들 중생은 사이좋게 못 지내고 서로 배반하여 항상 증오하고 있다. 아, 그들 중생은 만족할 줄 몰라서 남이 얻은 것을 가지고 싶어 한다. 아, 그들 중생은 욕심[貪]·성냄[瞋]·어리석음[痴]에 사로잡혀

서 여러 가지의 번뇌의 불꽃 속에 타고 있다. 아, 그들 중
생은 큰 어리석음[無明]에 덮여서 깨달음의 지혜의 광명
과는 멀리 떨어져 있다. 아, 그들 중생은 항상 큰 윤회의
숲을 헤매어 언제나 불안에 떨고 있다. 아, 그들 중생은
정욕과 무지의 흐름 속에 떨어지고, 윤회의 물결에 표류
하여 갈망의 기슭에 도달한다. 아, 그들 중생은 많은 고
뇌와 근심과 불안을 수반하고 탐욕에 의해 방해받는다.
아, 그들 중생은 자기와 자기 소유라는 관념에 사로잡혀
있다. 아, 그들 중생은 보잘것없는 것을 믿고 대승에 귀의
하려 하지 않는다.'

불자여, 제2의 보살지에서 마음이 청정해진 보살은 그
다음 단계인 제3의 보살지인 발광지(發光地)로 들어갑니
다.

불자여, 이 보살은 제3의 보살지에 머물면서 모든 존
재가 무상(無常)함을 있는 그대로 관찰합니다. 또 그것이
고뇌요, 깨끗하지 못한 것임을 관찰합니다. 이렇게 하여
모든 존재를 관찰하면 그것들은 반려가 없고, 편이 없
고, 모든 근심과 슬픔, 고뇌가 없어 그의 마음은 여래의

지혜 쪽으로 돌아가게 됩니다. 그는 여래의 지혜가 불가사의하며, 비할 데 없으며, 무량함을 잘 관찰합니다. 그는 중생계의 많은 고난을 잘 관찰하면서 다음과 같은 노력을 일으킵니다.

'이들 중생은 마땅히 내가 구제해야 한다.'

그는 중생을 구제하고자 하여 다음과 같이 관찰합니다.

'어떠한 방편으로 저토록 고뇌에 싸인 중생들을 구원하며, 궁극의 안락처인 열반에 안주시켜야 하는가.'

또한 보살은 이렇게 생각합니다.

'그것은 자유로운 지혜에서 생기는 깨달음을 얻는 수밖에 없다.'

그러므로 그는 더욱 진리의 가르침을 듣고자 원합니다. 밤낮으로 진리의 가르침에 대해서 듣기를 원하며, 진리를 사랑하며, 진리를 듣고 기뻐합니다. 그는 처음으로 듣는 진리의 말씀에 접하면 기뻐하지만, 삼천대천세계에 가득 찬 보배를 얻어도 기뻐하지 않습니다. 그는 잘 설해진 한 시구를 들으면 기뻐하지만 전륜성왕의 지위를 얻어도 기뻐하지 않습니다. 그는 4섭사(四攝事)의 실천 가운데 중생을 이롭게 하는 실천[利行攝]이 가장 뛰어나며, 10바라밀 중에서는 인욕바라밀이 가장 뛰어납니다.

불자여, 제3의 보살지에서 청정한 광명을 체득한 보살은 그 다음 단계인 제4의 염혜지(焰慧地)에 도달합니다.

보살은 염혜지를 얻자마자 곧 스스로 진리를 얻기 위해 지혜를 성숙케 하는 열 가지 진리를 가지고, 여래의 집에서 성장하는 자가 됩니다. 그 열 가지 진리란 무엇입니까?

퇴전하지 않는 생각을 지닐 것, 3보에 대한 궁극의 신앙에 도달할 것, 존재의 생멸을 관찰할 것, 모든 것의 자성은 불생(不生)임을 관찰하는 지혜, 세계의 생성과 소멸을 관찰하는 지혜, 업(業)에 의해 생존이 생김을 관찰하는 지혜, 윤회와 열반을 관찰하는 지혜, 중생의 국토와 업을 관찰하는 지혜, 원초와 종말을 관찰하는 지혜, 비존재(非存在)와 소멸을 관찰하는 지혜가 그것입니다.

불자여, 염혜지에 든 보살은 개체는 실재한다는 견해와 이것으로 인해 일어나고 사고하고 관찰하는 모든 것을 떠나버립니다. 그는 도를 깨닫기 위해 여덟 가지 바른 진리를 수행해 감에 따라 그 마음은 윤택해지고, 부드러워지고, 부지런해지고, 순수해져 갑니다. 그는 4섭법 중에서 중생과 더불어 불도를 행하는 실천[同事攝]이 가장 뛰어났고, 10바라밀 중에서는 정진바라밀이 뛰어납니다.

불자여, 제4의 보살지에 이르러 도가 정화된 보살은 제5의 난승지(難勝地)에 들어갑니다.

여기에 이른 보살은 4제(四諦)와 8정도(八正道)에 의해 청정한 활동이 생기고 고결한 마음이 생겼으므로 다시 다음 단계의 도를 구하면서 실다운 성품[如實性]에 도달한 자가 됩니다. 그리고 자비로워서 중생을 버리는 일이 없이 복덕과 지혜를 닦아 점점 위를 바라보고 나아갑니다.

그는 '이것은 고(苦)라는 성스러운 진리[苦諦]이다'라고 있는 그대로 인식합니다. 또한 '이는 고의 원인[集諦]이다. 이는 고의 소멸[滅諦]이다. 이는 고의 소멸로 이끌어 가는 길[道諦]이다'라고 있는 그대로 인식합니다.

또한 그는 세속적 진리와 불법의 진리에 다 같이 뛰어

난 자가 됩니다. 그는 '모든 존재는 헛되고 허망한 것'이라고 있는 그대로 인식합니다. 그리고 그에게는 중생에 대한 위대한 연민의 정이 나타납니다. 그는 이리하여 지혜의 힘으로 모든 중생을 돌아보며, 부처님의 지혜를 구하며, 온갖 존재의 원초와 종말을 관찰합니다. 그는 어떤 선을 행할 때든 중생을 구제하기 위해 행합니다. 모든 중생의 이익을 위해, 모든 중생의 안락을 위해, 모든 중생을 열반에 들게 하기 위해 선을 행합니다.

그는 보시(布施)·애어(愛語)·이행(利行)·동사(同事), 기타 모든 일로 중생을 교화합니다. 또 세상에서 중생구제에 도움이 될 것, 즉 글씨·논서·도장·수학·의학·복술 등에 대해서도 배웁니다. 그에게 있어서는 10바라밀 중선정바라밀이 가장 뛰어납니다. 불자여, 이것이 난승지라는 보살지입니다.

불자여, 제5지에서 도가 충만해진 보살은 제6의 현전지(現前地)에 들어갑니다.

그는 열 가지 진리의 평등성에 의해 거기에 도달합니다. 열 가지 진리의 평등성이란 무엇입니까?

모든 것은 무상(無相)이라는 평등성, 모든 것은 발생하지 않는다는 평등성, 모든 것은 무성(無性)이라는 평등성, 모든 것은 불생(不生)이라는 평등성, 모든 것은 고요하다는 평등성, 모든 것은 원래 청정하다는 평등성, 모든 것에는 희론(戲論)이 있을 수 없다는 평등성, 모든 것에는 본래 버리고 취함이 없다는 평등성, 모든 것은 환상·꿈·그림자와 같다는 평등성, 모든 것은 존재와 비존재가 둘이 아니라는 평등성입니다.

그는 세간의 발생과 소멸을 관찰할 때, 다음과 같이 생각합니다. '무릇 세간의 작용이 발생하는 것은 모두 아집(我執)에서 생긴다. 자아의 집착을 제거하면, 세간의 작용은 발생하지 않는다.'

그는 12연기(十二緣起)를 순역(順逆)으로 관찰한 끝에 다음과 같이 생각합니다. '이 미혹의 세계가 존재하는 원인은 오직 마음뿐이다.' 여래가 설하신 12인연도 또한 한 마음에 의지함을 알 수 있습니다. 왜냐하면 어떤 사물에 대해 탐욕과 결부된 마음이 생겼을 때 인식작용이 발생하기 때문입니다. 사물은 구성된 것이며, 구성에 관한 어리석음이 무지입니다. 무지에서 생기는 것이 개체입니다. 개체에서 증대된 것이 여섯 감각기관입니다. 이 감각기관과 결부되는 것이 접촉입니다. 접촉과 함께 생기는 것이 감수작용입니다. 감수에서 싫증을 안 느낄 때, 그것이 갈망입니다. 핍박되는 것이 취착(取着)입니다. 이런 생존의 지분(支分)이 생기는 것이 생존입니다. 생존이 발생하는 것이 생입니다. 생은 늙음을 낳습니다. 늙음의 끝에는 죽음이 있습니다.

이리하여 그는 열두 가지 양상을 가진 연기(緣起)를 관찰하면서 자아가 없고, 중생이 없고, 개체의 존재가 없으며, 원래 공이요, 지은 자와 감수하는 자를 떠난 것으로 관찰할 때, 모든 존재는 공(空)해서 그 본성이 없다[空無性]라는 깨달음의 문[空解脫門]이 열리게 됩니다.

그가 이런 온갖 생존의 지분(支分)의 자성을 없애고 궁극의 깨달음에 안주할 때, 어떤 상(相)도 생겨나는 일이 없습니다. 그러므로 그는 무상의 깨달음의 문[無相解脫門]을 연 자가 됩니다. 그가 공무성과 무상의 깨달음에 들어갔을 때, 그에게는 중생에 대한 대자비 이외의 어떤 원도 생기지 않습니다. 이리하여 그는 소원 없는 깨달음의 문[無願解脫門]을 연 자가 됩니다. 그는 10바라밀 중에서 지혜의 바라밀에 가장 뛰어났습니다. 불자여, 이것이 보살의 제6지인 현전지입니다.

불자여, 제6보살지에서 보살도를 만족시킨 보살은 그다음 단계인 제7의 원행지(遠行地)에 들어갑니다.

제7의 보살지에 머무는 보살은 헤아릴 수 없는 중생계·세계·여러 가지 차별성을 지닌 진리·겁수(劫數)·뛰어난 확신·갖가지 의향·마음의 작용·성문승(聲聞乘)의 출리(出離)에 수반되는 갖가지 확신의 성질·독각승(獨覺乘)의 완전지(完全智)의 완성·보살행의 가행(加行)에 들어가며 그와 동시에 부처님의 지혜에 들어갑니다.

그는 이렇게 생각합니다. '여래의 경계는 백 천 억 내지 무수의 겁을 세어도 셀 수가 없다. 그리고 부처님의 경계는 우리들에 의해 완성되지 않으면 안 된다. 더욱이 그것은 저절로 분별함이 없이 충족되어야 한다.'

부처님의 지혜를 구하며, 선을 중생에게 회향하는 일, 이것이 그의 보시바라밀입니다. 번뇌의 온갖 불꽃을 끄는 일, 이것이 그의 지계바라밀입니다. 자비한 마음으로 모든 중생에 대해 참는 일, 이것이 그의 인욕바라밀입니다. 선을 쉬지 않고 닦는 일, 이것이 그의 정진바라밀입니다. 전지자의 지혜를 실현코자 어지러움이 없는 도를 갖추는 일, 이것이 그의 선정바라밀입니다.

모든 것은 본래 불생(不生)임을 아는 일, 이것이 그의 지혜바라밀입니다. 헤아릴 수 없는 지혜를 완성하는 일, 이것이 그의 방편바라밀입니다. 훌륭한 지혜를 얻으려는 원을 세우는 일, 이것이 그의 원(願)바라밀입니다.

외도(外道)의 논설과 악마에 의해 도가 끊이지 않는 일, 이것이 그의 역(力)바라밀입니다. 모든 것에 대해 있는 그대로 지혜를 내는 일, 이것이 그의 지(智)바라밀입니다. 그러나 그에게 있어서는 10바라밀 중 방편바라밀이 가장 뛰어납니다. 불자여, 이것이 보살의 제7지인 원행지입니다.

불자여, 보살이 제8부동지(不動地)에 들면 신(身)·구(口)·의(意)의 의식적 활동을 떠나고 온갖 사념이나 분별을 떠나 과보(果報)의 본성에 머무는 자가 됩니다. 불자여, 제8지에 이른 보살은 구제와 지혜의 방편을 완성하고, 저절로 체득된 보살의 깨달음에 의해 부처님의 지혜를 관찰하면서 세계의 생성을 잘 관찰하고 세계의 소멸을 잘 관찰합니다. 그는 세계의 극소성(極小性)을 알고, 또 위대성과 무량성에 대해서도 잘 압니다. 그는 국토, 중생 등 온갖 것의 극소성을 알고 또 위대성과 무량성을 압니다.

또 그는 온갖 중생신(衆生身)의 차별을 이해하여 불국토와 집회에서 각기 그대로 자기 몸을 나타냅니다. 그는 온갖 신체의 분별을 떠나 평등성을 얻었건만 중생을 구제하기 위해 그 몸을 나타내 효과를 거둡니다.

그는 중생신이 업신(業身)임을 알고 또 번뇌신·색신(色身)·무색신(無色身)임을 압니다. 그는 이렇게 신체에 관한 지혜를 완성하여 자재한 자가 됩니다. 또 마음·용구(用具)·업·생을 받는 것·확신·원·신통력·진리·지혜의 자재를 얻습니다.

그는 모든 번뇌를 떠났으므로 마음가짐이 안정되고, 도를 떠나지 않으므로 고결한 마음이 안정되고, 중생의 이익을 버리지 않으므로 대비(大悲)의 힘이 안정되고, 온 갖 중생을 구제하므로 대자(大慈)의 힘이 안정되고, 진리 성을 망각하지 않으므로 다라니의 힘이 안정되고, 불법 을 잘 분별하므로 변재(辯才)의 힘이 안정되고, 무한한 세 계에서 일어나는 행위를 잘 구별하므로 신통력이 안정되 고, 보살행을 버리지 않으므로 원력이 안정되고, 불법을 수집하므로 바라밀의 힘이 안정되고, 온갖 형태로 부처 님의 지혜를 실현하므로 여래의 가지력(加持力)이 안정되 어 있습니다.

또 그는 원하자마자 한순간에 백 천만 억의 셀 수도 없는 삼매를 얻어 거기로 들어가고, 백 천만 억의 셀 수 도 없는 부처님의 나라에 들어가고, 백 천만 억의 셀 수 도 없는 중생을 제도할 수 있습니다. 불자여! 이것이 보 살의 제8지인 부동지입니다.

불자여, 보살이 제9지인 선혜지(善慧地)에 들면 선도 악도 아닌 무기(無記)의 법과 세간·출세간의 법과 보살 행의 법, 여래지(如來地)의 법이 현재에 나타나는 것을 그 대로 인식하게 됩니다. 그는 온갖 중생의 마음을 있는 그대로 압니다. 마음은 다양하다는 것, 마음은 순식간에 변하고 또 변하지 않기도 한다는 것, 마음에는 뿌리가 없다는 것, 마음은 미혹의 세계를 따라 현존한다는 것을 압니다.

그는 온갖 소질의 둔하고, 예민하고, 그 중간인 것의 성질을 있는 그대로 알고, 또 처음과 끝에 따라 차별이 있고 없는 것을 압니다. 그는 온갖 미혹된 습성이 뜻과 함께 생기고, 마음과 함께 생김을 있는 그대로 압니다. 그는 생(生)을 받는 것의 갖가지 성질을 있는 그대로 압니다. 그것이 업에서 나온다는 것, 그리고 물질적인 세계와 정신적인 세계에 생긴다는 것을 압니다.

이 보살지에 들어간 보살은 설법자가 되고 여래의 진리의 창고를 지킵니다. 그는 4무애지(四無礙智)로써 완성된 변설을 가지고 설법을 합니다. 4무애지란 법(法)무애지·의(義)무애지·사(辭)무애지·변설(辨說)무애지입니다. 그는 법무애지에 의해 모든 존재 자체의 모습[相]을 알고, 의무애지에 의해 온갖 존재의 차별을 알고, 4무애지에 의해 온갖 존재를 착란 없이 설하고, 변재무애지에 의해 모든 존재가 연속하여 끊어지지 않음을 압니다.

불자여! 이리하여 보살이 위대한 설법자가 되고 여래의 진리의 창고를 수호할 때, 그는 무수한 다라니를 얻게 됩니다. 그는 무량한 다라니를 얻어 무수한 부처님에게서 진리를 듣고 그것을 잊지 않는 것입니다. 이리하여 그는 다라니를 얻고 변재를 얻어, 설법하기 위해 한 곳에 앉았으면서도 동시에 온갖 삼천대천세계에 충만하여 모든 중생을 위해 진리를 설합니다.

제9지인 선혜의 보살지를 얻은 사람은 밤이나 낮이나 오로지 부처님의 경계에 들어가, 여래와 함께 있으면서 보살의 깊은 깨달음을 얻은 자가 됩니다.

불자여, 이 보살이 제9지에 이르면, 무량한 대상을 잘 관찰한 각지(覺智)에 의해 힘과 무외(無畏)와 불공법(不共法)을 바로 관찰하기에 이르고, 전지자의 지혜를 체득하는 경지인 법운지를 얻게 됩니다.

불자여, 보살이 제10지인 법운지(法雲地)에 이르면 무수한 삼매가 나타납니다. 즉, 헤아릴 수 없는 종류의 삼매를 얻고 수용하게 됩니다. 이 삼매가 실현되면 삼천세계의 백만 배나 되는 큰 보옥의 연꽃이 나타납니다. 그것은 온갖 보배로 아로새겨지고, 불가사의한 아름다움으로 차 있습니다.

그가 전지자의 지혜를 체득하는 삼매를 얻자마자 그는 이 연꽃에 앉게 됩니다. 보살이 이 위에 앉으면 무수한 보살이 시방세계로부터 와서 앉아 이 보살을 둘러싸고 연꽃 위에 앉습니다. 그들 각자가 이 보살을 우러러보면서 백만의 삼매에 들어가는 것입니다.

이 법운지에 안주한 보살은 진리의 세계를 있는 그대로 인식합니다. 그는 욕망의 세계, 물질의 세계, 정신계의 세계, 중생계의 세계, 기타 모든 세계에 대해 있는 그대로 인식합니다.

그는 중생신의 변화를 있는 그대로 알고, 부처님의 가지(加持)를 있는 그대로 알고, 여래가 티끌 속으로 들어가는 지혜를 알고, 여래의 모든 비밀, 그 신체·언어·마음 등의 비밀을 있는 그대로 압니다. 그리고 여래가 겁(劫)에 들어가 깨닫는 지혜, 온갖 깨달음에 들어가는 지혜를 알게 됩니다. 그리하여 이 보살지를 얻은 자는 '불가사의'라는 이름의 깨달음과 '무애'라는 깨달음을 얻습니다. 그리하여 모든 보살의 깨달음으로는 헤아릴 수 없는 것을 이 10지의 보살은 얻게 되는 것입니다.

여기에 안주한 보살은 대개 대자재천왕(大自在天王)이 되며 온갖 중생에게 바라밀을 가르치는 데 뛰어난 위력을 갖추어 진리의 세계를 분별하는 질문에 막히는 일이 없습니다.

또 보시나 애어(愛語) 등에 의해 활동을 해도 어떤 경우라도 부처님의 지혜를 떠나지 않는 것입니다. 왜냐하면 '나는 온갖 중생의 우두머리가 되겠다. 가장 뛰어난 자, 가장 탁월한 자, 지도자가 되겠다'라고 생각하기 때문입니다. 그의 신체에 대해서, 광명에 대해서, 신통력에 대해서, 음성이나 장식에 대해서, 가호나 확신이나 활동에 대해서, 그 어떠한 것에 대해서도 무수한 겁이 지나도 다 헤아릴 수는 없을 것입니다."

제11장
여래수명품(如來壽命品)
- 자유자재한 여래의 수명 -

그때 심왕보살이 여러 보살에게 말하였다.

"불자들이여, 석가모니 부처님 세계의 한 겁은 저 안락 세계 아미타 부처님 세계의 하룻밤 하루 낮이요, 그 안락 세계의 한 겁은 저 성복당(聖服幢) 세계에 있는 금강(金剛) 부처님 세계의 하룻밤 하루 낮이며, 그 성복당 세계의 한 겁은 불퇴전음성륜(不退轉音聲輪) 세계에 있는 선락광명청정개부(善樂光明清淨開敷) 부처님 세계의 하룻밤 하루 낮이요, 불퇴전음성륜 세계의 한 겁은 저 이구(離垢) 세계에 있는 법당(法幢) 부처님 세계의 하룻밤 하루 낮이며, 그 이구 세계의 한 겁은 저 선등(善燈) 세계에 있는 사자(師子) 부처님 세계의 하룻밤 하루 낮입니다.

또 그 선등 세계의 한 겁은 저 선광명(善光明) 세계에 있는 노사나장 부처님 세계의 하룻밤 하루 낮이요, 그 선광명 세계의 한 겁은 초출(超出) 세계에 있는 법광명 청정개부연화(法光明淸淨開敷蓮華) 부처님 세계의 하룻밤 하루 낮이며, 그 초출 세계의 한 겁은 저 장엄혜(莊嚴慧) 세계에 있는 일체 광명(一切光明) 부처님 세계의 하룻밤 하루 낮이요, 그 장엄혜 세계의 한 겁은 저 경광명(鏡光明) 세계에 있는 각월(覺月) 부처님 세계의 하룻밤 하루 낮입니다.

불자들이여, 이와 같이 차례로 백만 아승지 세계를 지나 최후 세계의 한 겁은 저 승련화(勝蓮華) 세계에 있는 현수(賢首) 부처님 세계의 하룻밤 하루 낮인데, 여러 큰 보살들이 그 안에 가득 차 있습니다."

제12장

보살주처품(菩薩住處品)

– 보살이 머무는 곳은 사바세계 –

그때 심왕보살이 다시 여러 보살들에게 말하였다.

"불자들이여, 동방에 보살들이 사는 곳이 있는데 이름은 선인기산(仙人起山)으로서 과거에 모든 보살들이 살았고, 현재는 금강승(金剛勝)이라는 보살이 살면서 3백 보살을 권속으로 두고 항상 그들을 위해 설법하고 있습니다.

또 남방에는 보살들이 사는 곳이 있는데 이름은 승루각산(勝樓閣山)으로서 과거에 모든 보살들이 살았고, 현재는 법혜(法慧)라는 보살이 살면서 5백 보살을 권속으로 두고 항상 그들을 위해 설법하고 있습니다.

또 서방에도 보살들이 사는 곳이 있는데 이름은 금강염산(金剛焰山)으로서 과거에 모든 보살들이 살았고, 현재는 무외사자행(無畏師子行)이라는 보살이 살면서 3백 보살을 권속으로 두고 항상 그들을 위해 설법하고 있습니다.

또 북방에도 보살들이 사는 곳이 있는데 이름은 향취산(香聚山)으로서 과거에 모든 보살들이 살았고, 현재는 향상(香象)이라는 보살이 살면서 3천 보살을 권속으로 두고 항상 그들을 위해 설법하고 있습니다.

또 동북방에도 보살들이 사는 곳이 있는데 이름은 청량산(淸凉山)으로서 과거에 모든 보살들이 살았고, 현재는 문수사리라는 보살이 살면서 1만 보살을 권속으로 두고 항상 그들을 위해 설법하고 있습니다.

또 동남방에도 보살들이 사는 곳이 있는데 이름은 지견고(枝堅固)로서 과거에 보살들이 살았고, 현재는 천관(天冠)이라는 보살이 살면서 1천 보살을 권속으로 두고 항상 그들을 위해 설법하고 있습니다.

또 서남방에도 보살들이 사는 곳이 있는데 이름은 수제광명산(樹提光明山)으로서 과거에 모든 보살들이 살았고, 현재는 현수(賢首)라는 보살이 살면서 3천 보살을 권속으로 두고 항상 그들을 위해 설법하고 있습니다.

또 서북방에도 보살들이 사는 곳이 있는데 이름은 향풍산(香風山)으로서 과거에 모든 보살들이 살았고, 현재는 향광명(香光明)이라는 보살이 살면서 5천 보살을 권속으로 두고 항상 그들을 위해 설법하고 있습니다.

또 네 큰 바다 가운데도 보살들이 사는 곳이 있는데 이름은 지달(枳怛)로서 과거에 모든 보살들이 살았고, 현재는 담무갈이라는 보살이 살면서 2천 보살을 권속으로 두고 항상 그들을 위해 설법하고 있습니다.

또 바다 가운데 보살들이 사는 곳이 있는데 이름은 공덕장엄굴(功德莊嚴窟)로서 과거에 여러 보살들이 항상 거기에 살았습니다.

또 비사리성(城) 남쪽에도 보살들이 사는 곳이 있는데 이름은 선주(善住)로서 과거에 여러 보살들이 항상 거기에 살았습니다.

또 파련불읍(邑)에도 보살들이 사는 곳이 있는데 이름
은 금등승가람(金燈僧伽藍)으로서 과거에 여러 보살들이
항상 거기에 살았습니다."

제13장
불부사의법품(佛不思議法品)
– 부처님의 지혜작용은 불가사의 –

그때 법회에 있던 여러 보살들은 모두 이렇게 생각했다.

'모든 부처님의 국토와 모든 부처님의 깨끗한 서원과 모든 부처님의 종성(種姓)과 모든 부처님이 세상에 나오심은 불가사의하며, 또 모든 부처님의 법신과 음성과 지혜와 신력과 자재함은 불가사의하며, 또 모든 부처님의 걸림없는 머무름과 해탈은 불가사의하다.'

그때 부처님은 보살들의 생각을 아시고, 곧 청련화(靑蓮華)보살에게, 부처님의 신력과 부처님의 지혜와 부처님의 변재와 부처님의 공덕과 부처님의 두려움 없음 등을 주어 그 몸에 충만하게 하여 모든 부처님 법계를 다 성취하게 하시고, 또 부처님의 신력의 경계와 걸림없는 행과 부처님의 종성을 분별하는 힘을 주시고 또 셀 수 없는 모든 부처님의 방편을 주셨다.

그때 청련화보살은 곧 걸림없는 법계와 일체의 걸림없는 법에 들어가 보살행을 닦고, 보현보살의 소원을 성취한 뒤 모든 부처님을 따라 큰 장엄을 스스로 장엄하고, 큰 자비로 일체 중생을 두루 관찰하였다. 또 부처님의 한량없는 큰 지혜를 내어 부처님의 다함없는 지혜의 문을 성취하고 부처님의 모든 다라니와 모든 변재를 성취한 뒤에, 그 광명으로 일체를 두루 비추었다.

그때 청련화보살은 부처님의 위신력을 받들어 연화장(蓮華藏)보살에게 말하였다.

"불자여, 모든 부처님에게는 한량없이 깨끗하고 청정한 주처(住處)가 있으며, 모든 부처님은 무량한 자재에 편히 머물며, 모든 부처님은 일체의 일에 있어서 그때를 놓치지 않으며, 모든 부처님은 평등하고 깨끗한 법륜을 굴리며, 모든 부처님은 네 가지 변설이 무궁무진하고, 모든 부처님의 법은 불가사의하며, 모든 부처님의 청정한 음성은 이르지 않는 곳이 없으며, 모든 부처님은 한량없는 법계를 다 분별하며, 모든 부처님은 시방세계를 광명으로 두루 비추며, 모든 부처님의 말씀은 모두 깊은 법계에 들어갑니다.

불자여, 모든 부처님에게는 열 가지 법계의 무량무변한 것이 있습니다. 그 열 가지란 이른바 모든 부처님의 청정한 색신은 무량무변하여 세간에 뛰어나고, 모든 부처님은 걸림없는 눈이 무량무변하여 청정하고, 평등하게 일체 법을 깨달으며, 모든 부처님은 걸림없는 귀가 무량무변하여 일체 중생의 음성을 분별하고, 모든 부처님은 신통이 저 언덕에 이르고, 모든 부처님은 넓고 긴 혀가 무량무변하여 묘한 음성을 내어서 온 법계에 두루 들리게 합니다.

또 모든 부처님은 그 몸이 무량무변하여 중생들의 능력에 따라 부처님의 몸을 나타내고, 모든 부처님은 그 뜻이 무량무변하며, 모든 부처님은 걸림없는 해탈의 법문이 무량무변하여 끝없이 자재한 위신력을 나타내고,

모든 부처님은 일체 세계에서 부처님의 세계를 장엄하는 것이 무량무변하여 중생에 순응하며, 모든 부처님은 무량무변한 여러 보살의 행과 훌륭한 소원과 자재한 신력을 다 완성하며, 모든 부처님의 바른 법을 다 완성하며, 모든 부처님의 바른 법을 다 깨닫는다는 것입니다.

불자여, 이것이 모든 부처님의 열 가지 법계의 무량무변한 것입니다.

불자여, 모든 부처님은 찰나 사이에 열 가지 다함없는 지혜를 냅니다.

불자여, 모든 부처님에게는 열 가지 때를 놓치지 않는 일이 있습니다.

불자여, 모든 부처님에게는 열 가지 비유할 수도 없고 헤아릴 수도 없는 경계가 있습니다.

불자여, 모든 부처님은 열 가지 지혜를 내어 거기에 머무릅니다.

불자여, 모든 부처님에게는 열 가지 매우 깊고 큰 법이 있습니다.

불자여, 모든 부처님은 열 가지 공덕으로 악을 떠나

청정하십니다.

불자여, 모든 부처님에게는 열 가지의 끝까지 청정한 행(行)이 있습니다.

불자여, 모든 부처님은 일체 세계에서 언제나 열 가지 불사(佛事)를 짓습니다.

불자여, 모든 부처님에게는 열 가지의 다함이 없는 방편 지혜의 큰 바다가 있습니다.

불자여, 모든 부처님에게는 열 가지 항상한 법이 있습니다.

불자여, 또 모든 부처님에게는 한량없이 말하는 열 가지 불법의 문이 있습니다.

불자여, 모든 부처님은 열 가지 법으로 항상 중생들을 위하여 불사를 짓습니다.

불자여, 모든 부처님에게는 열 가지 견고한 보살의 법이 있습니다.

불자여, 모든 부처님에게는 열 가지 장애 없이 머무르는 법이 있습니다.

불자여, 또 모든 부처님에게는 열 가지의 가장 훌륭하

고 위없는 장엄이 있습니다.

불자여, 모든 부처님은 열 가지 바른 법에 자재함이 있습니다.

불자여, 또 모든 부처님은 열 가지 불가사의한 법을 다 갖춘 뒤에라야 등정각을 이룹니다.

불자여, 모든 부처님에게는 열 가지의 절묘한 방편이 있습니다.

불자여, 모든 부처님에게는 열 가지의 불사(佛事)가 있는데, 그것은 무량무변하고 불가사의하여, 부처님의 신력 이외에는 어떤 천신이나 사람도 헤아릴 수 없고, 삼세의 어떤 성문도 연각도 말할 수 없습니다.

불자여, 모든 부처님에게는 법왕과 다름없는 열 가지 법이 있습니다.

불자여, 모든 부처님에게는 머무름으로 향하는 열 가지 법이 있습니다.

불자여, 모든 부처님은 열 가지 법을 모두 다 알고 있습니다.

불자여, 모든 부처님에게는 가장 훌륭한 열 가지 힘이

있으니, 그것은 큰 힘이요 한량없는 힘이며, 큰 공덕의 힘이요 존귀한 힘이며, 물러나지 않는 힘이요 견고한 힘이며, 깨뜨릴 수 없는 힘이요 어떤 세간도 헤아릴 수 없는 힘이며, 어떤 중생도 부술 수 없는 힘으로서, 대력나라연당(大力那羅延幢)이신 부처님이 머무는 법입니다.

불자여, 모든 부처님에게는 결정된 열 가지 법이 있습니다.

불자여, 모든 부처님에게는 열 가지 법이 있어서 어떤 중생도 부처님을 보는 이는 모두 열 가지 좋은 과보를 빨리 얻습니다.

불자여, 모든 부처님에게는 일체 보살이 항상 바로 생각해야 할 열 가지 청정한 법이 있습니다.

불자여, 모든 부처님에게는 열 가지 일체지에 머무름이 있습니다.

불자여, 또 모든 부처님에게는 한량없이 불가사의한 삼매가 있습니다.

불자여, 모든 부처님에게는 열 가지 걸림없는 해탈이 있습니다."

제14장
여래상해품(如來相海品)
– 부처님의 공덕은 보살행의 결과 –

그때 보현보살마하살이 여러 보살들에게 말하였다.

"불자들이여, 자세히 듣고 잘 명심하십시오. 나는 당신들에게 부처님의 모습을 말하겠습니다.

부처님 머리에는 대인(大人)의 모습이 있으니, 이름은 명정(明淨)으로서 서른두 가지의 보배로 장엄하고 한량없는 큰 광명을 놓아 일체 시방세계를 두루 비춥니다.

또 부처님 머리에는 대인의 모습이 있으니, 이름은 보조불방편해(普照佛方便海)로서 원만한 여러 가지 보배와 갖가지 마니보배로 장엄하였습니다. 그것은 금강광명(金

剛光明) 세계에서 일어난 것으로서, 일체 세계를 두루 비춥니다.

또 부처님에게는 대인의 모습이 있으니 이름은 보조(普照)로서, 불가사의한 모든 부처 세계를 다 나타내고, 금강마니의 묘한 보배 광명은 아무리 보아도 싫증이 나지 않으며, 온갖 보배 꽃뭉치가 떨쳐 일어나는 듯, 일체 법계의 부처 광명을 두루 비춥니다.

또 부처님에게는 대인의 모습이 있으니, 이름은 평등여래음성등운이구보해(平等如來音聲燈雲離垢寶海)로서 온갖 광명을 놓아 일체 법계, 시방세계의 보살의 공덕을 두루 비추고, 삼세 부처님의 지혜 바다를 굳건히 세웁니다.

또 부처님에게 대인의 모습이 있으니, 이름은 무량보광명륜(無量寶光明輪)으로서 과거의 청정한 선근을 나타내 보이고, 청정한 지혜의 빛을 내어 시방의 지혜바다를 두루 비춥니다.

또 부처님에게 대인의 모습이 있으니 이름은 명정운(明淨雲)으로서 보배 꽃과 유리의 달로 한량없는 백천 광명을 놓아 일체 법계와 허공계와 부처님 세계를 두루 비추고, 시방의 모든 부처님을 두루 나타냅니다.

또 부처님에게 대인의 모습이 있으니 이름은 각광명운(覺光明雲)으로서, 일체 법계에서 모든 부처님이 깨끗한 법륜을 굴리는 것을 두루 비춥니다.

불자여, 이처럼 부처님 몸에는 연화장 세계의 티끌 수 같은 대인의 모습이 있으며 이 외에 부처님 몸에는 여러 가지 묘한 보배가 장엄되어 있습니다."

제15장

보현보살행품(普賢菩薩行品)

– 보현보살의 열 가지 행원 –

그때 보현보살마하살은 여러 보살에게 말했다.

"여러 불자들이여, 이것은 미묘한 설법입니다. 왜냐하면 일체 여래·응공·등정각은, 교화해야 할 중생을 그 근기를 따라 설법하기 때문입니다.

즉 우치한 중생들이 번뇌에 결박되어 '나'와 '내 것'을 헤아리고 '나'라는 견해에 집착하며, 항상 착각을 따라 그릇된 견해를 추종하며 그릇되게 허망함에 집착하며, 번뇌에 결박되어 생사의 세계에 윤회하면서 부처님의 가르침을 멀리하나니, 이런 중생을 위해 여래·응공·등정각은 세상에 출현하신 것입니다.

불자들이여, 만일 보살마하살이 한 번만이라도 성내는 마음을 일으킨다면 모든 악 중에서 그보다 더한 악은 없습니다. 왜냐하면 보살마하살로서 성내는 마음을 일으키면 진리의 문에 드는 길을 방해하는 백천 가지 장애를 받게 되기 때문입니다.

그 백천 가지 장애란 무엇입니까?

이른바 보리(菩提)를 보지 못하는 장애와 바른 진리를 듣지 못하는 장애, 나쁜 갈래에 태어나는 장애, 여덟 가지 어려움이 있는 곳에 태어나는 장애, 병이 많은 장애, 비방을 많이 듣는 장애, 어둡고 둔한 갈래에 태어나는 장애, 바른 생각을 잃는 장애, 지혜가 적은 장애, 눈·귀·코·혀·몸·뜻의 장애, 나쁜 지도자를 가까이하는 장애, 나쁜 무리를 가까이하는 장애, 나쁜 사람을 가까이하는 장애, 악인과 같이 사는 장애, 선량한 사람과 함께 수행하기를 좋아하지 않는 장애, 바른 견해를 멀리하는 장애 등을 받는 것입니다.

불자들이여, 그러므로 보살마하살이 보살행을 빨리

갖추려면 열 가지 바른 법을 닦아야 합니다.

그 열 가지란 무엇입니까?

일체 중생들을 버리지 않고 모든 보살에 대해 부처님이라는 생각을 내며, 언제나 일체 불법을 비방하지 않고 모든 부처님의 세계에서 다함없는 지혜를 얻으며, 보살이 행하는 바를 공경하고 함께 기뻐하며, 허공과 법계와 같은 보리심을 버리지 않고 진리를 분별하며, 부처님의 힘을 성취하여 저 언덕에 이르고 보살의 일체 변재를 닦아 익혀 중생을 교화하되 싫증을 내지 않으며, 일체 세계에서 태어남을 나타내 보이되 거기에 집착하지 않는 것 등입니다.

불자들이여, 이와 같은 열 가지 바른 법을 실천하는 보살마하살은 열 가지 청정한 법을 거두어 지닙니다.

그 열 가지란 무엇입니까?

매우 깊은 법을 배워서 끝까지 청정하고, 선지식을 친근함이 청정하며, 모든 부처님의 바른 법을 보호함이 청정하고, 허공계를 다 분별함이 청정하며, 법계에 잘 들어감이 청정하고, 지혜로 마음의 작용을 아는 것이 청정하며, 보살의 선근을 청정하게 하고 마음이 항상 모든 겁에 집착하지 않음이 청정하며, 지혜로 삼세를 관찰함이 청정하고, 모든 부처님의 종성(種姓)을 성취함이 청정한 것 등입니다.

불자들이여, 이와 같이 청정한 바른 법에 편히 머무르는 보살마하살은 열 가지 바른 지혜를 완전히 갖춥니다.

그 열 가지란 무엇입니까?

이른바 중생의 마음과 마음의 작용을 분별하는 지혜, 중생의 모든 업보를 분별하는 지혜, 일체 불법을 두루 비추는 지혜, 모든 불법에서 방편의 차례를 얻는 지혜, 일체 문자와 변론을 성취하는 지혜, 중생들의 모든 언어를 잘 아는 지혜, 일체 세계에 몸을 나타내는 지혜, 자비의 빛으로 일체 중생을 두루 비추는 지혜, 일체 갈래에서 얻는 일체의 지혜 등입니다.

불자들이여, 이렇게 진리의 세계에 들어가는 지혜를 갖춘 보살마하살은 열 가지 바른 마음에 편히 머무릅니다.

그 열 가지란 무엇입니까?

일체 세계의 말과 말이 아닌 법을 아는 바른 마음에

편히 머물고, 일체 중생을 바로 생각하는 바른 마음에 편히 머물며, 허공계와 같은 바른 마음에 편히 머물고, 법계의 무량무변한 바른 마음에 편히 머물며, 모든 부처님의 바른 법을 따르는 바른 마음에 편히 머물고, 매우 깊은 선법과 무너지지 않는 법을 아는 바른 마음에 편히 머뭅니다.

또 일체 의혹을 없애는 바른 마음에 편히 머물고, 삼세의 법을 평등하게 관찰하는 바른 마음에 편히 머물며, 삼세 모든 부처님의 평등을 아는 바른 마음에 편히 머물고, 모든 부처님의 평등을 아는 바른 마음에 편히 머물고, 모든 부처님의 한량없는 힘을 아는 바른 마음에 편히 머무는 것 등입니다.

불자들이여, 이와 같이 열 가지 바른 마음에 편히 머무는 보살은 곧 모든 부처님의 미묘한 방편법을 얻습니다.

그 열 가지란 무엇입니까?

미묘한 방편으로 일체 부처님의 깊은 법을 두루 비추고, 미묘한 방편으로 모든 부처님의 매우 깊고 훌륭한 법을 내며, 미묘한 방편으로 일체 부처님의 장엄한 법을 분별해 연설하고, 미묘한 방편으로 일체 부처님의 평등한 법에 깊이 들어가며, 미묘한 방편으로 갖가지 모양의 일체 불법을 분별하고, 미묘한 방편으로 깨뜨릴 수 없는 모든 부처님의 바른 법에 들어가며, 미묘한 방편으로 일체 부처님의 모든 장엄한 법에 들어가고, 미묘한 방편을 얻어 한 방편으로 일체의 불법에 들어가며, 미묘한 방편으로 부처님의 한량없는 모든 방편법에 들어가고, 미묘한 방편으로 일체 불법에서 마음이 자재함을 얻고는 물러나지 않는 것 등입니다.

불자여, 이것이 열 가지 미묘한 방편법입니다.

불자들이여! 그러므로 보살마하살은 일심으로 공경하면서 이 법을 듣고 지녀야 합니다.

왜냐하면 보살마하살이 이 법을 들으면 조그만 방편으로도 위없는 바른 깨달음을 빨리 얻어 삼세 부처님과 평등하게 될 수 있기 때문입니다."

그때 부처님의 위신력으로 티끌 수 같은 세계의 수많은 보살마하살들이 그곳으로 모여들어 이렇게 말하였다.

"장하십니다. 불자여, 당신은 이렇게 모든 부처님의 서원과 수기하는 깊은 법을 잘 말했습니다. 우리는 다같이 보현이라는 이름으로서, 저 보승(普勝) 세계에 계시는 보당자재(普幢自在) 부처님의 처소로부터 여기 왔습니다. 저 다른 일체 세계에서도 이 법을 연설하는데 그 글귀와 뜻과 일체의 행이 모두 꼭 같아서 조금도 가감이 없습니다. 그러므로 우리는 여기 와서 당신을 위해 증명하는 것입니다."

그때 보현보살마하살은 부처님의 신력과 자기 선근의 힘으로 시방과 모든 법계를 관찰하고는, 모든 보살행과 부처님의 보리를 밝히기 위해, 큰 서원을 말하기 위해, 일체 세계의 모든 겁을 분별하기 위해, 때를 따라 부처님이 보이는 것을 밝히기 위해, 중생들이 그 근기를 따라 모두 교화를 받게 하기 위해, 부처님이 여러 곳에서 행하는 설법에 허망이 없음을 밝히기 위해, 선근을 심은 대로 그 과보가 헛되지 않게 하기 위해, 보살의 청정한 법신을 밝히고자 미묘한 음성을 내어 중생들을 깨우쳐 보리심을 일으키게 하였다.

제16장

여래성기품(如來性起品)

– 중생과 부처는 차별이 없다 –

그때 부처님께서 두 눈썹 사이의 백호상(白毫相: 부처님의 32상 중의 하나. 부처님의 두 눈썹 사이에 있는 희고 빛나는 터럭)으로부터 큰 광명을 놓으시니, 그 광명의 이름은 명여래법(明如來法)이었다. 명여래법은 무량한 아승지 광명으로 권속을 삼아서 시방의 일체 세계를 두루 비추고, 열바퀴를 돌며 부처님의 한량없는 자재로움을 나타내어 무수한 보살 대중을 깨우쳤다.

그때 모든 세계는 여섯 가지로 진동하고 일체 악마의 광명을 가리어 마치 먹덩이처럼 만들었다. 그리고 모든 보리를 나타내고 모든 대중을 나타내며, 장엄을 성취하여 법계 허공계 등 일체 세계를 두루 비추었다. 그리고 다시 일체 보살 대중을 돌고는 여래성기묘덕(如來性起妙德)보살의 정수리로 들어갔다.

그때 모든 대중의 마음은 매우 기쁘고 몸과 뜻은 부드러워져 이렇게 생각하였다. '참으로 신기하고 희유하다. 부처님께서 지금 큰 광명을 놓으시니 반드시 매우 깊고 바른 법을 연설하실 것이다.'

그때 여래성기묘덕보살은 보현보살에게 물었다.

"불자여, 부처님이 나타내시는 큰 위력은 불가사의합니다. 이것이 무슨 상서로운 징조입니까?"

보현보살은 여래성기묘덕보살에게 답하였다.

"불자여, 내 생각과 내가 본 바로는 과거 여래께서 큰 광명을 놓으시면 반드시 여래의 성품이 일어나는 바른 법을 말씀하셨습니다. 그러므로 지금 부처님이 큰 광명을 놓아 자재한 힘을 나타내시는 것도 반드시 여래의 성품이 일어나는 바른 법을 말씀하실 것입니다."

그때 여래성기묘덕보살이 여래성기정법이라는 이름을

들자 일체 대지가 여섯 가지로 진동하면서 무량한 광명이 나타났다.

여래성기묘덕보살은 보현보살에게 물었다.

"불자여, 어떻게 하면 보살마하살이 여래의 성품이 일어나는 바른 법을 알 수 있습니까?"

보현보살은 여래성기묘덕보살에게 답하였다.

"불자여, 여기 모인 무수한 보살마하살은 청정한 모든 업을 잘 배워 수행하고 생각하는 지혜로 모든 부처님의 장엄을 성취하여 저 언덕에 도달하였다. 또 부처님의 위의에 머무르고 부처님의 행을 갖추었으며, 모든 부처님을 바로 생각하되 어지러운 일이 없으며, 큰 자비로써 일체 중생을 관찰하고 궁극의 지혜로 보살의 묘한 신통을 분별하며, 부처님의 신력을 얻고 모든 부처님의 공덕에 머뭅니다. 이와 같이 다함없는 공덕을 성취한 보살이 모두 여기 와 모였습니다.

그대는 과거에 한량없이 무수한 부처님을 공경·공양하면서 온갖 선근을 심어 보살의 위없는 묘한 행을 성취하고, 모든 삼매문에서 자재를 얻어 모든 부처님의 비밀의 법에 깊이 들어갔으며, 또 모든 불법에서 온갖 의혹을 없앴으며, 일체 중생의 근기를 잘 알고 그들의 성질을 따라 설법하며, 부처님의 지혜를 따라 일체 불법을 분별해 연설하면서 저 언덕에 이르러 이런 한량없는 공덕을 성취했습니다."

그때 다시 여래성기묘덕보살이 보현보살에게 물었다.

"훌륭하십니다. 불자여! 부처님의 성품이 일어나는 바른 법을 설명해 주십시오."

그때 보현보살은 여래성기묘덕보살과 여러 대중에게 말하였다.

"불자들이여, 여래의 성품이 일어나는 바른 법은 불가사의합니다. 왜냐하면 조그만 인연으로 깨달음을 이루어 세상에 나올 수 없기 때문입니다. 불자들이여, 무량 무수한 백천 아승지의 열 가지 인연이 있어야 깨달음을 이루어 세상에 나오는 것이니 그 열 가지란 어떤 것입니까?

첫째는 무량한 보리심을 내어 일체 중생을 버리지 않는 것이요, 둘째는 과거의 무수한 겁 동안 온갖 선근을 닦아 그 마음이 정직하고 깊은 것이며, 셋째는 무량한 자비로 중생을 구호하는 것이요, 넷째는 무량한 수행을 닦아 큰 서원에서 물러나지 않는 것이며, 다섯째는 무량한 공덕을 쌓되 충분하다는 마음이 없는 것이요, 여섯째는 무량한 모든 부처님을 공경하며 중생을 교화하는 것입니다. 일곱째는 무량한 방편의 지혜를 내는 것이요, 여덟째는 무량한 모든 공덕의 창고를 성취하는 것이며, 아홉째는 무량한 장엄의 지혜를 내는 것이요, 열째는 무량한 모든 법의 진실한 뜻을 분별해 연설하는 것이다.

불자들이여, 이와 같은 무량 무수한 백천 아승지의 열 가지 법문이라야 등정각을 이룬 부처로서 세상에 출현하는 것입니다.

여러 불자들이여, 보살마하살은 또한 마땅히 알아야 합니다. 여래의 성품이 일어나는 바른 법은 그 공덕이 무량하나니, 그것은 행이 무량하기 때문이요, 시방에 충만하여 오고 감이 없기 때문이며, 나고 머물고 멸함을 떠나 행이 없기 때문이요, 마음과 의식을 떠나서 몸이 없기 때문이며, 성품이 허공과 같아 다 평등하기 때문입니다.

또 일체 중생에게는 '나'도 없고 '내 것'도 없고 그 끝도 없기 때문이며, 일체의 세계가 다함도 없고 변함도 없기 때문이며, 미래 세상은 끊어지지도 않고 물러나지도 않기 때문이며, 여래의 지혜에 의심이 없고 둘이 없어 평등하며 유위(有爲: 번뇌를 수반하는 행위 혹은 요소)와 무위(無爲: 번뇌의 작용이 사라져 분별망상이 없어진 상태)를 관찰하기 때문이며, 정각을 이루어 중생을 이롭게 하고 본래 행을 회향하여 자재하고 만족하기 때문입니다."

그때 보현보살은 거듭 여러 보살들에게 말하였다.

"여러 불자들이여, 여래를 알거나 보는 보살은 한량없는 공덕을 원만히 성취합니다. 왜냐하면, 여래는 한 법이나 한 행이나 한 몸이나 한 세계로 중생을 교화하지 않고, 한량없는 법과 한량없는 행과 한량없는 몸과 한량없는 세계를 갖춰 일체 중생을 평등하게 교화하기 때문입니다.

불자들이여, 비유하면 저 허공은 빛이 있는 곳이나 빛이 없는 곳이나 어디고 다 갑니다. 그러나 그것은 가는 것도 아니요, 가지 않는 것도 아닙니다. 왜냐하면 허공은 형상이나 빛이 없기 때문입니다. 여래의 법신도 그와 같아서 일체의 장소, 일체의 세계, 일체의 법, 일체의 중생, 어디에도 가지만 가는 곳이 없습니다. 그것은 바로 여래의 몸은 정해진 몸이 아니기 때문이며, 교화할 곳을 따라 그 몸을 나타내 보이기 때문입니다.

또 불자들이여, 비유하면 허공이 아주 넓어 일체 중생을 다 수용하면서도 거기에 집착하지 않는 것처럼, 여래의 법신도 그와 같아서 일체 중생과 세간의 선근을 비추면서도 세간의 선근을 떠나 집착하지 않습니다. 왜냐하면 여래의 법신은 일체의 집착을 모두 버렸기 때문입니다.

또한 불자들이여, 해가 세상에 나오면 한량없는 일로 중생을 이롭게 합니다.

즉 어두움을 없애고 일체 산림과 약초와 온갖 곡식과 풀·나무 등을 기르며, 냉기와 습기를 없애고, 허공을 비춰서 허공의 중생을 이롭게 하며, 연못을 비춰서 연꽃을 피게 하고, 세상을 두루 비추어 일체 빛깔과 형상을 나타내며 세간의 일들을 다 성취시킵니다. 왜냐하면 해는 광명을 두루 놓기 때문입니다. 여래의 지혜도 또한 그와 같아서 한량없는 일로 일체 중생을 두루 이롭게 합니다.

또한 불자들이여, 해가 뜨면 먼저 큰 산을 비추고 다음에는 일체 대지를 두루 비춥니다. 그러나 햇빛은 '나는 먼저 큰 산을 비추고 차례로 대지를 두루 비추리라'고 생각하지 않습니다. 다만 그 산과 대지에 높고 낮음이 있기 때문에 그 비침에 먼저와 나중이 있을 뿐입니다.

또한 불자들이여, 저 해가 세상에 나타나더라도 태어날 적부터 장님인 중생은 그것을 보지 못합니다. 왜냐하면 육안이 없기 때문입니다. 그러나 그 장님이 비록 해를 보지는 못하더라도 그 햇빛의 이익은 받습니다. 즉 그 햇빛 때문에 음식과 살림살이와 도구를 얻고 냉기와 습기를 없애어 몸을 가뿐하게 하며, 바람기·한기·담증·종기 등의 병을 모두 치료할 수 있습니다. 부처님의 지혜의 해가 세상에 나오는 것도 그와 같아서 일체의 그릇된 견해·무지·그릇된 생활 등으로 날 적부터 장님이 된 중생은 부처님의 지혜 광명을 보지 못합니다.

그러나 불자들이여, 그 장님이 여래의 지혜 햇빛은 보지 못하더라도 여래의 지혜 햇빛의 이익은 얻습니다. 즉 4대(四大: 만유를 구성하는 地水火風)의 모든 고통을 없애어 몸이 안락하고 일체의 번뇌와 고통의 근본을 끊습니다.

또 불자들이여, 보살마하살은 부처님의 열 가지 한량 없는 음성을 알아야 합니다. 열 가지 한량없는 음성이란 어떤 것입니까?

이른바 허공과 같이 한량없음을 알고 보나니 그것은 이르지 않는 곳이 없기 때문이요, 법계와 같이 한량없음을 알고 보나니 사무치지 않는 곳이 없기 때문이며, 중생계와 같이 한량없음을 알고 보나니 일체 중생들을 모두 기쁘게 하기 때문이요, 행업(行業)과 같이 한량없음을 알고 보나니 일체의 과보를 두루 설명하기 때문이며, 번뇌와 같이 한량없음을 알고 보나니 끝까지 적멸하기 때문이요, 갖가지 음성과 같이 한량없음을 알고 보나니 교화받을 중생들이 다 그 소리를 듣기 때문입니다.

또 욕락과 같이 한량없음을 알고 보나니 모든 해탈을 다 분별해 말하기 때문이요, 삼세와 같이 한량없음을 알고 보나니 한계가 없기 때문이며, 지혜와 같이 한량없음을 알고 보나니 모든 법에 깊이 들어가기 때문이요, 물러나지 않는 부처님의 경계와 같이 한량없음을 알고 보나니 여래의 법계에 순응하기 때문입니다.

불자들이여, 보살마하살은 여래의 음성에 이런 열 가지 한량없는 아승지가 있음을 알고 봅니다."

그때 여러 보살들은 보현보살에게 물었다.

"이 경은 무엇이라 이름해야 하며 또 어떻게 받들어 지녀야 합니까?"

"불자들이여, 이 경의 이름은 '모든 부처님의 비밀한 진리의 창고'라 합니다. 그리하여 이것은 세간의 그 누구도 헤아리지 못하며 오직 여래만이 알고 있는 큰 지혜 광명으로서 여래의 종성(種性)을 개발하고, 일체 보살의 공덕을 기르며, 일체 여래의 경계에 순응하며, 일체 중생들을 다 청정하게 하고 부처님의 궁극의 법을 분별해 연설하는 것입니다.

불자들이여, 이 경전은 다만 불가사의한 교법을 의지하는 보살마하살로서 한결같이 보리를 구하는 이를 위해 분별해 연설할 것이지, 다른 사람을 위한 것이 아닙니다. 왜냐하면 이 경은 보살 이외에는 어떤 중생의 손에도 들어갈 수 없기 때문입니다.

불자들이여, 비유하면 전륜성왕이 가진 칠보는 첫째 부인이 낳은 왕자로서 원만한 성왕의 상을 갖춘 이 이외에는 아무도 가질 수 없는 것과 같습니다.

불자들이여, 만일 전륜성왕에게 온갖 덕을 갖춘 왕자가 없다면, 그 왕이 목숨을 마친 뒤에는 그 보배들은 저절로 없어질 것입니다.

불자들이여, 이 경전도 그와 같아서, 여래의 참 아들로서 모든 여래의 종성의 집에 태어나 여래의 성과 모든 선근을 심은 이 이외에는 어떤 중생의 손에도 들어가지 않을 것입니다. 만일 그런 부처님의 참 아들이 없다면 이 경전은 곧 없어질 것입니다.

왜냐하면 일체의 성문이나 연각은 이 경의 이름조차도 듣지 못하거늘 하물며 받아 지니며 쓰거나 해설할 수 있겠습니까? 그럴 수는 없는 일입니다. 그러나 보살마하살은 이것을 스스로 외워 지니고 베껴 쓸 수 있을 것입니다.

불자들이여, 그러므로 보살마하살은 이 경전의 이름이라도 들으면 기뻐하여 공경하고 정성껏 받들어 지니니다. 왜냐하면 보살마하살은 이 경전을 믿고 좋아하기 때문에 방편을 조금만 쓰더라도 반드시 위없는 보리를 얻을 것입니다.

불자들이여, 보살마하살이 비록 무량 억 겁 동안 6바라밀을 행하고 도품(道品)의 선근을 닦아 익히더라도, 이 경전의 이름을 듣지 못했거나, 들었더라도 믿고 받들지 않으면, 그들은 거짓 보살로서, 여래 종성의 가문에 태어난 이라 할 수 없는 것입니다.

불자들이여, 만일 보살마하살로서 이 경의 이름을 듣고는 그것을 믿고 받들어 지니거나 또 따르면, 그는 참 불자로서, 부처님의 가문에 태어난 이라 할 수 있습니다.

그리하여 일체 여래의 경계에 순응하고, 일체 보살의 바른 법을 갖추어, 일체종지(一切種智: 일체만법의 차별상을 낱낱이 모두 아는 불보살의 지혜)의 경계에 편히 머물고, 일체 세간의 모든 법을 멀리 떠나며, 여래의 행을 내어 기르고, 일체 보살의 모든 법의 저 언덕에 이르러, 여래의 자재한 바른 법에 대해 의혹하는 마음이 없으며, 스승 없는 자리에 끝까지 편히 머물고, 일체 여래의 경계에 깊이 들어갈 것입니다.

불자들이여, 보살마하살로서 이 경의 법을 듣는 이는 평등한 뜻의 행과 무량한 마음을 내고, 일체 허망한 생각을 멀리 떠나 끝까지 정직한 마음으로 평등하고 청정하기를 닦아 익힘이 허공과 같으며, 일체 보살의 행업을 분별하고 관찰하여 법계에 평등하고, 일체종지를 완전히 성취하여 세간의 더러움을 멀리 떠날 것입니다.

또 청정한 마음을 내어 일체 시방세계에 가득 채우고 보살의 법문에 깊이 들어가 삼세의 부처님들을 평등하게 관찰하며, 선근의 공덕과 지혜를 완전히 갖추어 이런 모든 법에 깊이 들어가되 들어감이 없고, 한 법도 생각하지 않고 두 법도 생각하지 않으면서 무량한 모든 법을 평등하게 다 관찰해야 하는 것입니다.

불자들이여, 보살마하살이 이런 공덕을 성취하면 조그만 방편으로도 스승 없는 지혜를 얻을 것입니다."

제17장

이세간품(離世間品)

- 불도 완성을 위한 수행방편과 그 실천 -

그때 부처님께서는 마가다국 적멸도량의 보광법당에 계시면서 연화장의 보배 사자좌에 앉아 정각을 이루셨다. 둘이 아닌 생각과 모양이 없는 생각을 관찰하고 부처님의 자리에 머물면서 일체 부처님과 평등하여, 걸림 없는 세계에 이르러서는 물러나지 않는 법과 걸림 없는 경계를 얻었다. 불가사의한 경계에 머물러 삼세를 멀리 떠나고 일체 세계에서 그 몸을 두루 나타내며, 일체의 법을 알고 일체의 묘한 행을 원만히 성취하여 의혹을 아주 떠났으며 허망한 몸도 떠나버렸다.

또 부처님의 둘이 없는 법에 머물면서 끝내 저 언덕에 이르러 일체 보살들에게 한량없는 지혜를 주고 여래의 깨뜨릴 수 없는 지혜의 법문을 완전히 갖추어 무량무변한 허공계 법계와 같은 여래의 모든 자리를 성취하였다.

그리하여 모든 부처님이 차례로 주는 수기를 환히 알고 그 세계에서 정각을 이루어 깨끗한 법륜을 굴렸다. 부처님이 없는 세계에서는 그 몸을 나타내되, 부처님이 되어 세상에 나와서는 무명에 가린 이들을 모두 청정하게 하며, 일체 보살의 업장을 없애며, 걸림 없는 법계에 들어가 있었다.

그때 보현보살은 불화엄(佛華嚴)이라는 삼매에 들었다.

그가 삼매에 들자 시방의 모든 세계는 여러 가지 모양으로 진동하면서 미묘한 소리를 내니 일체 세계의 중생들이 모두 다 들었다. 진동이 그치자 보현보살은 삼매에서 일어났다.

그때 보혜보살은 대중이 구름처럼 모인 것을 알고 보현보살에게 물었다.

"불자여, 어떤 것을 보살마하살이 의지하는 과보라 하

고, 어떤 것을 기특한 생각이라 하며, 어떤 것을 행이라 하고, 어떤 것을 선지식이라 하며, 어떤 것을 부지런히 닦는 정진이라 하고, 어떤 것을 바른 희망이라 하며, 어떤 것을 중생을 성취한다 하고, 어떤 것을 계율이라 하며, 어떤 것을 수기법(授記法: 부처님 또는 덕이 높은 보살이 중생에게 언제 마땅히 성불하게 되리라는 예언을 주는 것)을 아는 것이라 하고, 어떤 것을 듦[入]이라 하며, 어떤 것을 여래에 든다 하고 어떤 것을 중생의 마음에 들어가 활동한다 하며, 어떤 것을 세계에 든다 하고 어떤 것을 겁(劫)에 든다 하며, 어떤 것을 3계(三界)에 드는 것이라 합니까?

또 어떤 것을 근심을 떠나 의혹이 없는 것이라 하고 어떤 것을 무너지지 않는 지혜라 하며, 어떤 것을 다라니라 하고 어떤 것을 부처를 분별해 말할 줄 아는 것이라 하며, 어떤 것을 보현의 마음을 내는 것이라 하고 어떤 것을 보현의 행원(行願)이라 하며, 어떤 것을 대비(大悲)라 하고 어떤 것을 보리심을 내는 인연이라 하며, 어떤 것을 선지식에 대해 공경하는 마음을 일으키는 것이라 합니까?

훌륭하십니다. 불자여, 이제 이 물음에 대하여 자세히

설명해 주시기 바랍니다."

그때 보현보살은 여러 보살에게 말하였다.

"불자들이여, 보살마하살에게는 열 가지 행이 있으니 그 열 가지 행이란 어떤 것인가?

이른바 일체 중생으로 하여금 오로지 바른 법을 구하게 하는 행이요, 선근을 완전히 성숙하게 하는 행이며, 일체 계율을 잘 배우는 행이요, 일체 선근을 기르는 행이며, 일심으로 삼매를 닦는 행이요, 일체 지혜를 분별하는 행이며, 일체의 닦을 바를 닦아 익히는 행이요, 일체 세계를 장엄하는 행이며, 선지식을 공경하고 공양하는 행이요, 모든 여래를 공경하고 공양하는 행입니다.

불자들이여, 이것이 보살마하살의 열 가지 행이니, 만일 보살마하살이 이 행에 편히 머물면 그는 곧 여래의 위없는 큰 지혜의 행을 얻을 것입니다.

불자들이여, 또 보살마하살에게는 열 가지 선지식이 있으니, 그 열 가지란 어떤 것입니까?

이른바 보리심에 편히 머물게 하는 선지식이요, 선근을 닦아 익히게 하는 선지식이며, 모든 바라밀을 다 성취하게 하는 선지식이요, 일체 법을 분별해 해설하는 선지식이며, 일체 중생을 성숙시켜 편히 머물게 하는 선지식이요, 변재를 갖추어 묻는 대로 대답하게 하는 선지식이며, 생사에 집착하지 않게 하는 선지식이요, 보살행을 행하되 싫증을 내지 않게 하는 선지식이며, 보현의 행에 편히 머물게 하는 선지식이요, 모든 부처님의 지혜에 깊이 들어가게 하는 선지식입니다. 불자들이여, 이것이 보살마하살의 열 가지 선지식입니다.

불자들이여, 또 보살마하살에게는 열 가지 부지런히 닦는 정진이 있으니, 그 열 가지란 어떤 것입니까?

이른바 일체 중생을 교화하기 위해 부지런히 닦는 정진과, 일체 법에 들어가기 위해 부지런히 닦는 정진과, 일체 세계를 청정하게 하기 위해 부지런히 닦는 정진과, 일체 보살의 배울 바를 성취하기 위해 부지런히 닦는 정진과, 일체 중생들로 하여금 모든 악을 멸하게 하기 위해 부지런히 닦는 정진과, 일체 지옥·아귀·축생·염라왕 등의 고통을 멸하기 위해 부지런히 닦는 정진과, 일체 악마를 항복받기 위해 부지런히 닦는 정진과, 일체 중생의 청정한 눈이 되기 위해 부지런히 닦는 정진과, 일체의 부처님을 공경하고 공양하기 위해 부지런히 닦는 정진과, 일체 여래를 모두 기쁘게 하기 위해 부지런히 닦는 정진입니다.

불자들이여, 이것이 보살마하살의 열 가지 부지런히 닦는 정진이니, 만일 보살마하살이 이 정진에 머물면 그는 곧 여래의 위없는 정진바라밀을 갖추게 될 것입니다.

불자들이여, 또 보살마하살에게는 열 가지 바른 희망이 있으니 그 열 가지란 어떤 것입니까?

이른바 자신도 보리심에 머물고 중생도 보리심에 머물게 하는 희망과, 자신도 성냄과 다툼을 떠나고 중생들도 그것을 떠나게 하는 희망과, 자신도 어리석음을 떠나 불법에 편히 머물고 중생들도 어리석음을 떠나 불법에 편히 머물게 하는 희망입니다.

또한 자신도 선근을 닦아 오로지 바른 법을 구하고 중생들도 선근을 닦아 오로지 바른 법을 구하게 하려는 희망과, 자신도 모든 바라밀을 성취하여 저 언덕에 이르고 중생들도 모든 바라밀을 성취하여 저 언덕에 이르게 하려는 희망과, 자신도 여래 종성의 가문에 나고 중생들도 여래 종성의 가문에 나게 하려는 희망과, 자신도 일체 법을 관찰하여 다함이 없는 성품에 깊이 들어가고 중생도 일체 법을 관찰하여 다함이 없는 성품에 깊이 들어가게 하려는 희망입니다.

또한 자신도 일체 불법을 비방하지 않고 중생들도 일체 불법을 비방하지 않게 하려는 희망과, 자신도 일체의 지혜와 소원을 성취하고 중생들도 일체의 지혜와 소원을 성취하게 하려는 희망과, 자신도 일체 여래의 다함없는 지혜의 창고에 깊이 들어가고 중생들도 일체 여래의 다함없는 지혜의 창고에 깊이 들어가게 하려는 희망 등입니다.

불자들이여, 이것이 보살마하살의 열 가지 바른 희망이니, 만일 보살마하살이 법에 편히 머물면 그는 곧 여래의 위없고도 평등한 큰 지혜의 바른 희망을 얻게 될 것입니다.

불자들이여! 또 보살마하살은 열 가지 법으로 중생을 성숙시킵니다. 그 열 가지란 어떤 것입니까?

이른바 보시로 중생을 성숙시키고, 단엄한 색신으로 중생을 성숙시키며, 설법으로 중생을 성숙시키고, 뜻을 같이하여 중생을 성숙시키며, 집착 없음으로써 중생을 성숙시키고, 보살행을 찬탄함으로써 중생을 성숙시키며, 일체 세계가 불붙는 것을 나타내 보임으로써 중생을 성숙시키고, 여래의 공덕을 찬탄함으로써 중생을 성숙시키며, 신력의 자재함을 나타내 보임으로써 중생을 성숙시키고, 갖가지 교묘한 방편으로 치밀하게 세간행에 순응함으로써 중생을 성숙시킵니다.

불자들이여, 이것이 보살마하살이 중생을 성숙시키는 열 가지 법이니, 만일 보살마하살이 이 법에 편히 머물면 그는 곧 일체 중생을 잘 성숙시킬 것입니다.

불자들이여, 또 보살마하살에게는 열 가지 계율이 있으니 그 열 가지란 무엇입니까?

이른바 보리심을 깨뜨리지 않는 계율과, 성문과 연각의 자리를 떠나는 계율과, 일체 중생을 관찰하여 이롭게 하는 계율과, 일체 중생을 불법에 머물게 하는 계율과, 일체 소유가 없는 계율과, 일체 선근을 보리로 회향하는 계율과, 일체 여래의 형상에 집착하지 않는 계율 등입니다.

불자들이여, 보살마하살에게는 또 수기(授記, 예언, 예고) 받음을 스스로 알게 하는 법, 열 가지가 있으니 그 열 가지란 무엇입니까?

이른바 한결같이 보리심을 내는 보살이 받는 수기와, 보살행을 싫어하지 않는 보살이 받는 수기와, 일체의 겁(劫)에서 고행을 닦는 보살이 받는 수기와, 일체 불법에 순응하는 보살이 받는 수기와, 일체 여래의 말을 결정코 믿고 행하는 보살이 받는 수기와, 일체 선근을 원만히 닦아 익히는 보살이 받는 수기와, 일체 중생을 보리에 굳게 머물게 하는 보살이 받는 수기와, 일체 선지식과 더불어 화합하고 그를 따르는 보살이 받는 수기와, 일체 선지식을 여래라고 생각하는 보살이 받는 수기와, 보리에 대한 본래의 서원을 수호하는 보살이 받는 수기 등입니다.

불자들이여, 이것이 보살마하살의 수기 받음을 스스로 알게 하는 열 가지 법이니, 그 보살이 스스로 알아서 받는 수기입니다.

불자들이여, 보살마하살은 또 열 가지 보현의 마음을

내나니 그 열 가지란 무엇입니까?

　이른바 큰 자심(慈心)을 내나니 일체 중생을 구호하기 위해서요, 큰 비심(悲心)을 내나니 일체 중생을 대신하여 일체의 고통을 받기 위해서이며, 보시가 가장 으뜸가는 보살행이라는 마음을 내나니 일체의 소유를 다 버리기 위해서요, 일체지가 우두머리라고 바로 생각하는 마음을 내나니 일체의 불법을 즐겨 구하기 위해서이며, 공덕으로 장엄하려는 마음을 내나니 모든 보살행을 배우기 위해서요, 금강 같은 마음을 내나니 일체의 태어남을 잊지 않기 위해서입니다.

　또 큰 바다와 같은 마음을 내나니 일체 깨끗한 법을 다 흘러들게 하기 위해서요, 수미산왕과 같은 마음을 내나니 일체의 비방과 고언(苦言)을 참기 위해서이며, 안온한 마음을 내나니 일체 중생이 두려워하지 않게 하기 위해서요, 반야바라밀다를 성취하여 저 언덕에 이르려는 마음을 내나니 일체의 법이 공(空)함을 잘 깨닫기 위해서입니다.

　불자들이여, 이것이 보살마하살이 내는 열 가지 보현

의 마음이니 만일 보살마하살로서 이 마음에 편히 머물면 조그만 방편으로 곧 보현의 묘한 방편의 지혜를 두루 갖출 것입니다.

불자들이여, 또 보살마하살은 보리심을 내는 열 가지 인연이 있으니 그 열 가지란 무엇입니까?

이른바 일체 중생을 교화하여 성숙시키려는 것이 보리심을 내는 인연이요, 일체 중생의 고통을 없애려는 것, 일체 중생에게 갖가지 즐거움을 주려는 것, 일체 중생의 어리석음을 없애려는 것, 일체 중생에게 부처님의 지혜를 주려는 것, 일체 부처님을 공경하고 공양하려는 것, 여래의 가르침을 따라 부처님을 기쁘게 하려는 것, 부처님의 색신의 상호를 보려는 것, 일체 부처님의 지혜에 들어가려는 것, 부처님의 힘과 두려움 없음을 나타내려는 것이 보리심을 내는 인연입니다.

불자들이여, 이것이 보살마하살이 보리심을 내는 열 가지 인연이니, 만일 보살마하살이 보리심을 내었으면 선지식을 공경·공양하고 친근해야 합니다. 왜냐하면 일체지를 빨리 깨닫기 위해서입니다.

또 그 보살마하살은 선지식을 공경·공양하고 친근한 뒤에는 열 가지 마음을 일으키나니 그 열 가지란 무엇입니까?

이른바 그 선지식에 대해 모시려는 마음, 그 선지식을 어기지 않으려는 마음, 따르려는 마음, 그 선지식을 보고 기뻐하는 마음, 이익을 구하지 않는 마음, 한결같은 마음, 선근을 같이하려는 마음, 서원을 같이하려는 마음, 그 선지식을 여래라고 생각하는 마음, 원만한 행을 같이하려는 마음 등을 일으킵니다.

불자들이여, 이것이 보살마하살이 선지식에 대해 일으키는 마음 열 가지입니다.

불자들이여, 만일 보살마하살이 이런 열 가지 마음을 내면 그는 곧 열 가지 청정함을 얻습니다. 그 열 가지란 무엇입니까?

이른바 정직한 마음이 청정하나니 끝까지 잃지 않았기 때문이요, 색신이 청정하나니 교화하는 이를 따라 누구나 다 보기 때문이며, 원만한 음성이 청정하나니 일체 언어의 법을 성취했기 때문이요, 변재가 청정하나니 묘한 방편으로 불가사의한 모든 불법을 설명하기 때문이며, 지혜가 청정하나니 일체의 어리석음을 없앴기 때문이요, 태어남이 청정하나니 보살의 자재한 힘을 완전히 갖추었기 때문입니다.

또 권속이 청정하나니 과거에 같이 수행한 중생들이 온갖 선근을 성취하였기 때문이요, 과보가 청정하나니 일체의 업장을 없앴기 때문이며, 모든 원이 청정하나니 일체 보살들과 같기 때문이요, 모든 행이 청정하나니 보현보살의 행을 성취했기 때문입니다.

불자들이여, 이것이 보살마하살의 열 가지 청정입니다.

불자들이여, 보살마하살에게는 열 가지의 바라밀이 있습니다. 그 열 가지란 무엇입니까?

이른바 보시바라밀이니 일체 소유를 버리기 때문이요, 계율바라밀이니 부처님의 계율을 깨끗하게 하기 때문이며, 인욕바라밀이니 부처님의 인욕을 원만히 갖추었기 때문이요, 정진바라밀이니 언제나 물러나지 않기 때문이며, 선정바라밀이니 바른 생각이 산란하지 않기 때문이요, 반야바라밀이니 일체 법이 다 여여(如如)함을 보기 때문이며, 지혜바라밀이니 부처님의 힘에 깊이 들어가기 때문이요, 서원바라밀이니 보현보살의 원행이 원만하기 때문이며, 신력바라밀이니 일체 신통의 힘을 나타내 보이기 때문이요, 법의 바라밀이니 일체의 법을 취하기 때문입니다.

불자들이여, 이것이 보살마하살의 열 가지 바라밀입니다. 만일 보살마하살로서 이 법에 편히 머물면 그는 곧 여래의 궁극적인 지혜바라밀을 얻을 것입니다.

불자들이여, 보살마하살에게는 열 가지 법문이 있습니다.

그 열 가지란 이른바 한 몸이 일체 세계에 가득 차는 법문, 일체 세계의 갖가지 무량한 빛깔을 나타내 보이는 법문, 일체 세계가 한 부처님의 세계에 들어가는 법문, 일체 중생을 맡아 지니는 법문, 여래의 장엄한 몸이 일체 세계에 가득 차는 법문, 일체 세계에 두루 이르는 법문, 한 찰나 사이에 일체 세계에 노니는 법문, 한 부처님의 세계에 일체 여래가 세간에 나오심을 나타내 보이는 법문, 한 몸이 일체 법계에 가득 차는 법문, 한 찰나 사이에 일체 부처의 신력을 나타내 보이는 법문 등입니다.

불자들이여, 이것이 보살마하살의 열 가지 법문이니, 만일 보살마하살로서 이 법문에 편히 머무르면 그는 곧 여래의 위없는 법문을 얻을 수 있을 것입니다.

불자들이여, 보살마하살에게는 열 가지 신통이 있습니다.

그 열 가지란 이른바 전생을 생각해 내는 신통과, 걸림 없이 들을 수 있는 신통, 일체 중생의 불가사의한 마음을 알아내는 신통, 걸림없이 모든 세계를 보고 중생을 관찰하는 신통, 불가사의하고 자재한 신력을 내어 중생을 나타내 보이는 신통, 한 몸에 불가사의한 세계를 나타내 보이는 신통, 한 찰나 사이에 말할 수 없는 세계에 나아가는 신통, 불가사의한 장엄물로 일체 세계를 장엄하는 신통, 헤아릴 수 없는 화신을 중생에게 나타내 보이는 신통, 말할 수 없는 세계에서 위없는 궁극의 깨달음의 불가사의함을 이루어 중생들에게 나타내 보이는 신통 등입니다.

불자들이여, 이것이 보살마하살의 열 가지 신통이니,

만일 보살마하살로서 이 신통에 편히 머무르면, 그는 곧 위없는 큰 방편 지혜의 신통을 얻어 모든 부처님의 자재한 신력을 나타낼 수 있을 것입니다.

불자들이여! 보살마하살에게는 열 가지 해탈이 있습니다.

그 열 가지란 이른바 번뇌로부터의 해탈, 사견(邪見)으로부터의 해탈, 치연(熾然)으로부터의 해탈, 음(陰)·계(界)·입(入)으로부터의 해탈, 성문·연각의 지위를 뛰어넘는 해탈, 일체 부처님의 세계와 일체의 중생과 일체의 법에 집착하지 않고 무량무변한 모든 보살의 지위에 머물면서도 일체의 보살행을 떠나 여래의 자리에 머무는 해탈, 한 찰나 사이에 일체 삼세의 모든 법을 다 아는 해탈 등입니다.

불자들이여, 이것이 보살마하살의 열 가지 해탈이니 만일 보살마하살로서 이 해탈에 머무르면 그는 곧 일체 중생을 위해 위없는 불사를 지을 수 있을 것입니다.

불자들이여! 또 보살마하살에게는 열 가지의 버리지 않는 깊은 마음이 있습니다. 그 열 가지란 이른바 모든 부처님의 보리를 깨달으려는 깊은 마음, 모든 중생을 교화해 성숙시키려는 깊은 마음, 모든 부처님의 종성을 끊어지지 않게 하려는 깊은 마음, 선지식을 가까이 하려는 깊은 마음, 모든 부처님의 국토에서 모든 부처님을 공경하려는 깊은 마음 등입니다.

또 오로지 대승과 모든 공덕을 구하려는 깊은 마음, 모든 부처님의 처소에서 범행을 닦으면서 계율을 지키려는 깊은 마음, 모든 보살을 포용하려는 깊은 마음, 모든 불법을 가지려는 깊은 마음, 모든 보살의 행과 원을 닦아 익히려는 깊은 마음, 모든 불법을 한결같이 구하려는 깊은 마음 등입니다.

불자들이여, 이것이 보살마하살의 열 가지 버리지 않는 깊은 마음이니, 만일 보살마하살로서 이 법에 편히 머무르면 그는 곧 일체 부처님의 버리지 않는 깊은 마음의 바른 법을 얻을 것입니다.

불자들이여, 보살마하살에게는 법을 분별하는 열 가지가 있습니다.

그 열 가지란 이른바 모든 법이 다 인연을 따라 일어

남을 분별하고, 모든 법이 다 꼭두각시 같음을 분별하며, 모든 법이 다 다툼이 없음을 분별하고, 모든 법이 다 무량무변함을 분별하며, 모든 법이 다 의지함이 없음을 분별하고, 모든 법이 다 금강 같음을 분별하며, 모든 법이 바로 여래임을 분별하고, 모든 법이 고요함을 분별하며, 모든 법이 바른 도임을 분별하고, 모든 법이 한 모양 한 뜻임을 분별하는 것입니다.

불자들이여, 이것이 보살마하살이 분별하는 열 가지 법이니 만일 보살마하살이 이 법에 편히 머무르면 그는 곧 미묘한 방편으로 일체 모든 법을 다 잘 분별할 것입니다.

불자들이여, 또 보살마하살에게는 열 가지 방편이 있습니다.

그 열 가지란 이른바 보시의 방편이니 일체를 다 버리고도 그 갚음을 구하지 않기 위해서요, 일체의 학문을 배우고 일체의 계율을 지키며 두타(頭陀)의 행을 두루 갖추는 청정한 방편이니 남을 무시하지 않기 위해서이며, 일체의 구속과 착각과 분노와 아만을 버리고 중생들의 모든 악을 참는 방편이니 일체의 '저'와 '나'라는 생각을 떠나기 위해서요, 정진하여 물러나지 않는 방편이니 3업(三業)을 완성하여 잊지 않기 위해서이며, 일체의 선정과 삼매와 해탈과 신통의 방편이니 온갖 오욕과 번뇌를 멀리 떠나기 위해서입니다.

또 바로 지혜로 향하는 방편이니 모든 공덕을 기르되 만족하는 마음이 없기 위해서요, 대자(大慈)의 방편이니 일체 중생이라 해도 중생이 없음을 말하기 위해서요, 일체 중생을 대신해 온갖 고뇌를 받으면서도 대비(大悲)를 버리지 않는 방편이니 모든 사물의 자성(自性)이 없음을 알기 때문이요, 10력(十力)을 깨닫는 방편이니 결정코 걸림 없는 지혜를 일체 중생에게 보이기 위해서이며, 물러나지 않는 법륜을 굴리는 방편이니 중생의 마음에 이르기 위해서입니다.

불자들이여, 이것이 보살마하살의 열 가지 방편이니, 만일 보살마하살이 이 법에 편히 머무르면 그는 곧 일체 부처님의 위없는 큰 지혜의 방편을 얻을 것입니다.

불자들이여, 또 보살마하살에게는 해탈로써 세계에

깊이 들어가는 열 가지가 있습니다.

그 열 가지란 이른바, 일체 세계를 한 세계에 넣고 한 세계를 일체 세계에 넣으며, 한 여래의 몸이 일체 세계에 다 충만하고 일체 세계가 모두 허공임을 나타내 보이며, 모든 부처님의 장엄으로 일체 세계를 장엄하는 것입니다.

또 한 보살의 몸이 일체 세계에 충만하여 한 털구멍 속에 일체 세계를 넣어두고 일체 세계를 한 중생의 몸속에 넣으며, 한 부처님 도량의 한 보리수가 일체 세계에 충만하고 한 묘한 음성이 일체 세계에 충만하되, 그 응함을 따라 듣지 못하는 이가 없어 모두 기뻐합니다.

불자들이여, 이것이 보살마하살의 해탈로써 세계에 깊이 들어가는 열 가지이니, 만일 보살마하살이 이 법에 편히 머무르면 그는 곧 모든 부처님이 부처 세계를 내는 위없는 해탈을 얻을 것입니다.

불자들이여, 또 보살마하살에게는 열 가지 마음이 있습니다.

그 열 가지란 이른바 용맹스런 마음이니 시작한 사업을 다 이루기 때문이요, 게으르지 않는 마음이니 온갖 선근을 쌓기 때문이며, 용맹하고 건실한 마음이니 일체의 악마를 다 항복받기 때문이요, 바로 생각하는 마음이니 일체 더러운 번뇌를 다 없애기 때문이며, 물러나지 않는 마음이니 도량에 나아가 보리를 성취하기 때문입니다.

또 성품이 청정한 마음이니 마음은 가는 곳이 없고 집착할 것이 없음을 깨닫기 때문이요, 중생을 아는 마음이니 중생의 성품을 따라 그를 깨우쳐 해탈을 얻게 하기 때문이며, 대범천에 들어가 불법에 머무르는 마음이니 갖가지 중생 성품을 다 구호하기 때문이요, 비어 있고 모양 없고 소원 없고 행이 없는 마음이니 모양이 있다는 견해를 떠나 3계에 집착하지 않기 때문이며, 금강처럼 장엄한 마음이니 중생의 수와 같은 악마도 그 털 하나 움직일 수 없기 때문입니다.

불자들이여, 이것이 보살마하살의 열 가지 마음이니, 만일 보살마하살로서 이 마음에 굳건히 머물면 그는 곧 모든 부처님의 위없는 금강장(金剛藏)의 마음을 얻을 것입니다.

불자들이여, 또 보살마하살에게는 열 가지 깨끗한 보

시가 있습니다.

그 열 가지란 이른바 평등한 마음의 보시이니 나쁜 중생이 없기 때문이요, 뜻을 따르는 보시이니 일체의 원을 이루었기 때문이며, 어지러운 마음이 없는 보시이니 물러나지 않기 때문이요, 가리지 않는 보시이니 과보를 구하지 않기 때문입니다.

또 한결같은 보시이니 어떤 물건에도 집착하는 마음이 없기 때문이요, 안팎의 모든 보시이니 끝까지 청정하기 때문이며, 보리를 회향하는 보시이니 유위(有爲)와 무위(無爲)를 멀리 떠나기 때문이요, 중생을 교화하여 성숙시키는 보시이니 도량을 버리지 않기 때문이며, 세 가지가 원만하고 청정한 보시이니 보시하는 이와 그것을 받는 이와 그 재물이 평등하고 청정하기가 허공과 같기 때문입니다.

불자들이여, 이것이 보살마하살의 열 가지 깨끗한 보시이니, 만일 보살마하살로서 이 보시에 굳건히 머무르면 그는 모든 부처님의 위없는 청정한 큰 보시를 얻을 것입니다.

불자들이여, 보살마하살에게는 열 가지 깨끗한 사랑이 있습니다.

　그 열 가지란 이른바 평등한 마음의 깨끗한 사랑이니 중생을 가리지 않기 때문이요, 이롭게 하는 깨끗한 사랑이니 중생들에 대해 할 일이 있으면 모두 마련해 주기 때문이며, 구호하는 깨끗한 사랑이니 일체 중생을 생사의 험난에서 끝까지 구제해 주기 때문이요, 중생을 가엾이 여겨 버리지 않는 깨끗한 사랑이니 유위(有爲)의 선근을 기리기 때문이며, 해탈시키는 깨끗한 사랑이니 중생들의 온갖 번뇌를 없애 주기 때문입니다.

　또 보리를 내는 깨끗한 사랑이니 중생들로 하여금 즐겨 보리를 구하게 하기 때문이요, 중생들에 대해 걸림이 없는 깨끗한 사랑이니 무량한 광명을 놓아 중생들을 두루 비추기 때문이며, 허공과 같은 깨끗한 사랑이니 일체 중생을 구호하기 때문이요, 법에 의한 깨끗한 사랑이니 진실한 법을 깨닫기 때문이며, 반연이 없는 깨끗한 사랑이니 생멸을 떠난 법을 증득했기 때문입니다.

　불자들이여, 이것이 보살마하살의 열 가지 깨끗한 사

랑이니, 만일 보살마하살로서 이 사랑에 굳건히 머무르면, 그는 모든 부처님의 위없는 청정한 큰사랑을 얻을 것입니다.

불자들이여, 또 보살마하살에게는 열 가지 청정한 슬픔이 있습니다.

그 열 가지란 이른바 거룩한 슬픔이니 자재한 큰 슬픔이기 때문이요, 싫어함이 없는 청정한 슬픔이니 중생들을 대신해 큰 괴로움을 받기 때문이며, 일체의 나쁜 세계에 사는 청정한 슬픔이니 생사를 받으면서 중생을 구제해 주기 때문이요, 천상 인간에 태어나는 청정한 슬픔이니 모든 법은 다 무상하다는 것을 보이기 때문입니다.

또 사정취(邪定聚)의 중생들을 위하는 청정한 슬픔이니 무량한 겁 동안 큰 서원의 장엄을 버리지 않기 때문이요, 자기의 즐거움에 집착하지 않는 청정한 슬픔이니 중생들과 함께 즐거워하기 때문이며, 갚음을 바라지 않는 청정한 슬픔이니 스스로의 마음이 청정하기 때문이요, 일체 중생들의 착각과 의혹을 없애 주는 청정한 슬픔이니 진실한 법을 말하기 때문이며, 모든 법의 자성이 청정하여 아무것도 없는데 객진(客塵)에 물들어짐을 알아서 일으키는 청정한 슬픔이니 진실한 법을 말하기 때문이요, 모든 중생들이 어리석어 진실한 법을 알지 못할 때 일으키는 청정한 슬픔이니 중생들로 하여금 대승의 마음을 내어 열반을 이루게 하기 때문입니다.

불자들이여, 이것이 보살마하살의 열 가지 청정한 슬픔이니, 만약 보살마하살로서 이 슬픔에 굳건히 머무르면, 그는 모든 위없는 청정한 큰 슬픔을 얻을 것입니다.

불자들이여, 또 보살마하살에게는 열 가지 생(生)이 있습니다.

그 열 가지란 이른바 어리석음을 떠난 생이며, 큰 광명의 그물을 놓아 삼천대천세계를 두루 비추는 생이며, 다시 윤회함이 없는 최후의 몸의 생이며, 나지 않는 생이며, 3계의 모든 겁이 다 꼭두각시와 같음을 아는 생이며, 시방세계에 몸을 두루 나타내는 생이며, 일체지의 몸을 다 갖춘 생이며, 일체 여래의 광명을 놓아 중생들을 두루 비추어 깨우치는 생이며, 큰 지혜가 자재한 모든 선정에 바로 드는 생입니다.

불자들이여, 보살이 날 때에는 모든 부처님의 국토가 여섯 가지로 진동하고 중생들은 다 해탈을 얻으며, 일체 나쁜 갈래는 모두 없어지고, 모든 악마들의 광명은 다 덮이며, 한량없는 보살이 구름처럼 모여 옵니다.

불자들이여, 이것이 보살마하살의 열 가지 생이니, 중생들을 교화하기 위해 그런 생을 나타내 보이는 것입니다.

불자들이여, 또 보살마하살은 열 가지 일 때문에 고행을 나타내 보입니다.

마음이 옹졸한 중생들을 교화하고 성숙시키기 위해 고행을 나타내 보이며, 그릇된 견해에 집착하는 중생을 건지기 위해 고행을 나타내 보이며, 업보가 없다는 그릇된 견해를 가진 중생들로 하여금 업보를 알게 하기 위해 고행을 나타내 보이고, 5탁(五濁) 세계의 중생들에게 순응하기 위해 고행을 나타내 보입니다.

또 게으른 중생들을 위해 고행을 나타내 보이고, 중생들로 하여금 즐겨 법을 구하게 하기 위해 고행을 나타내 보이며, 쾌락과 아락(我樂)에 집착하는 중생을 위해 고행을 나타내 보이고, 보살의 뛰어난 행을 보이기 위해 고행을 나타내 보이며, 미래 중생들로 하여금 정진하게 하기 위해 고행을 나타내 보이고, 사람들의 근기가 성숙하지 못했을 때 성숙할 때를 기다리게 하기 위해 고행을 나타내 보입니다.

불자들이여, 이것이 보살마하살의 고행을 나타내 보이는 열 가지입니다.

불자들이여, 이것이 보살마하살의 청정하고 훌륭한 행의 큰 법문이며, 모든 부처님 말씀의 무량한 깊은 뜻입니다.

그리하여 그것은 모든 지혜 있는 이를 다 기쁘게 하고, 일체 보살의 큰 서원을 이루며 그 행을 끊이지 않게 하는 것입니다.

불자들이여, 만일 어떤 중생이 이 경을 듣고 신심이 청정하여 그것을 비방하지 않고 그대로 수행한다면, 그는 위없는 바른 깨달음을 빨리 이룰 수 있을 것입니다.

왜냐하면 그는 부처님의 가르침대로 수행했기 때문입니다. 그러므로 보살마하살은 부디 부처님의 가르침 그대로 수행하고, 일심으로 이 경을 공경하고 믿으며 받들어 지녀야 할 것입니다.

불자들이여, 이 경은 일체 보살행의 공덕과 깊고 묘한 이치의 꽃을 내며, 지혜에 깊이 들어가 일체 법문을 포함하며, 세간을 멀리 떠나 성문이나 연각, 일체 중생은 미치지 못하는 독특한 법으로 선근을 길러 중생들을 제도합니다.

그러므로 보살마하살은 일심으로 이 경을 듣고 받들어 지녀야 하는 것입니다.

만일 보살마하살로서 이 경을 받들어 지니면 그는 일체의 서원을 세워 조그만 방편으로 위없는 바른 깨달음을 빨리 얻을 수 있을 것입니다."

제18장
입법계품(入法界品)
– 선재동자의 구도여정 –

그때 부처님께서는 사위성 기수급고독원의 대장엄중 각 강당에서 문수보살을 비롯한 오백 명의 보살마하살들과 함께 계셨다.

존자 사리불은 부처님의 신력을 받들어 문수사리보살이 장엄을 갖추고 기원림을 나와 남방으로 떠나는 것을 보고 이렇게 생각하였다.

'나도 문수사리보살과 함께 남방으로 가리라.'

그리하여 존자 사리불은 6천 명의 비구들과 함께 부처님께 경의를 표하고 문수사리보살에게로 향하였다.

그때 문수사리보살은 코끼리의 왕이 무리들을 위엄 있게 바라보듯이 비구들을 바라보며 이렇게 말하였다.

"비구들이여, 그대들은 마땅히 알아야 한다. 만일 선남자 선여인으로서 열 가지 큰마음을 성취하면 그는 여래의 지위를 얻을 것이거든 하물며 보살의 자리이겠는가.

그 열 가지란 바로, 광대한 마음을 내어 일체 선근을 기르면서 끝까지 물러나지 않고 마음에 싫증을 내지 않는 것이며, 모든 부처님을 뵈옵고 공경·공양하여 마음에 싫증을 내지 않는 것이며, 일체의 불법을 구하여 마음에 싫증을 내지 않는 것이며, 보살의 모든 바라밀을 두루 행하면서 마음에 싫증을 내지 않는 것이며, 보살의 모든 삼매를 구족하되 만족하다는 마음을 내지 않는 것이다.

또 불국토를 장엄하여 시방에 가득히 채우되 만족하다는 마음을 내지 않는 것이며, 일체 중생을 교화해 성숙시키되 만족하다는 마음을 내지 않는 것이며, 모든 국토와 모든 겁 동안에 보살행을 하면서도 만족하다는 마음을 내지 않는 것이며, 광대한 마음을 내어 모든 불국토의 티끌 수 같은 온갖 바라밀을 닦아 익혀 일체 중생을 구제하고 부처님의 열 가지 힘을 다 갖추되 만족하다는 마음을 내지 않는 것이다.

만일 선남자 선여인으로서 이런 열 가지 큰 법을 성취하면, 그는 일체의 선근을 길러 생사의 갈래와 일체 세간의 성품을 떠나고, 성문과 연각의 지위를 뛰어넘어 여래의 가문에 태어나며, 보살의 큰 서원을 모두 갖추고 보살의 행을 행하며, 보살의 지위에 머무르고, 여래의 공덕의 힘을 성취하여 온갖 악마를 항복받고 모든 외도를 제어할 것이다.”

그 말씀을 들은 비구들은 모두 다 걸림이 없는 깨끗한 눈의 삼매를 얻었으며, 시방의 여래와 무량한 중생을 다 보며, 그 중생들의 생각과 근성 등을 알며, 그 중생들의 과거와 미래를 모두 다 알았다.

그때 문수사리보살은 비구들에게 보현의 행을 닦고 보현의 행에 머물도록 권하였다. 그리하여 비구들은 큰 서원을 세운 뒤 몸과 마음이 청정해져 불사(不死)의 밝은 길을 얻었다. 또한 그 자리를 떠나지 않고 일체 여래의 법신을 내어 시방에 충만하고 일체의 불법을 원만히 갖추었다.

그때 문수사리보살은 비구들의 보리심을 확립시킨 뒤, 그들과 함께 차츰 남방으로 내려가 각성(覺城)의 동쪽에 이르러, 장엄당 사라숲 속의 큰 탑이 있는 곳에 머물렀다.

그 곳은 과거의 모든 부처님이 계시던 곳이며, 또 과거 부처님께서 보살로 있을 때 고행을 닦으시던 곳으로서, 언제나 하늘·용·야차·건달바·아수라 들의 공양을 받는 곳이었다.

그때 각성 사람들은 문수사리보살이 장엄당 사라숲의 큰 탑이 있는 곳에 머문다는 말을 듣고, 천 명의 우바새와 오백 명의 우바이, 그리고 선재동자(善財童子)를 비롯한 오백 명의 동자와 오백 명의 동녀도 함께 문수사리보살의 처소에 나아갔다. 그들은 모두 문수사리보살의 발에 예배하고 물러나 한쪽에 앉았다.

그때 문수사리보살은 대중이 모인 것을 알고 그 알맞음에 따라 대자대비의 힘으로 그들을 기쁘게 하고, 장차 설법하기 위해서 매우 깊은 지혜로 그들의 마음을 분별하고 큰 변재의 힘으로 그들을 위해 설법하였다.

먼저 문수사리보살은 코끼리의 왕처럼 선재동자를 돌아보며 말하였다.

"나는 그대를 위해 미묘한 법을 설하리라. 즉 모든 부처님의 바른 법을 분별하고, 부처님의 차례로 세상에 나타나는 법과, 권속을 깨끗하게 하는 법과, 법륜을 굴리는 법과, 모든 부처님의 색신과 상호의 청정하고 장엄한 법과, 일체 부처님의 법신을 갖추는 법과, 부처님 음성의 묘하고 장엄한 법 등을 분별하고 일체 여래의 평등하고 바른 법을 설하리라."

그때 선재동자는 문수사리보살로부터 불법의 여러 가지 공덕을 듣고 일심으로 최상의 깨달음을 구하며, 문수보살에게 간청하였다.

"대성(大聖)이시여, 저에게 말씀해 주십시오. 보살은 어떻게 보살의 행을 배우며, 어떻게 보살의 행을 닦으며, 어떻게 보살의 행에 나아가며, 어떻게 보살의 행을 행하며, 어떻게 보살의 행을 청정히 행하며, 어떻게 보살의 행에 들어가며, 어떻게 보살의 행을 성취하며, 어떻게 보살의 행을 따라가며, 어떻게 보살의 행을 기억하며, 어떻게 보살의 행을 더 넓히며, 어떻게 보현의 행을 속히 성취할 수 있습니까?"

문수사리보살이 선재동자에게 말하였다.

"착하다, 선남자여, 그대는 위없는 보리심을 발하고 보살의 행을 찾는구나. 중생이 위없는 보리심을 내는 것도 어려운 일인데, 하물며 발심하여 보살행을 닦는 것은 더욱 어려운 일이다.

선남자여! 모든 것을 아는 지혜[一切智]를 성취하려면 반드시 진실한 선지식을 찾아야 한다. 선지식을 찾는 일에 지치거나 게으르지 말고, 선지식의 가르침에 그대로 순종하며, 선지식의 절묘한 방편에 허물을 보지 말아야 한다.

이곳으로부터 남쪽으로 가면 승락(勝樂)이라는 나라가 있다. 그 나라의 묘봉산(妙峰山)에는 덕운(德雲)이라고 하는 비구가 있다. 그대는 그에게 가서 '보살은 어떻게 보살행을 배우며, 어떻게 보살행을 닦으며, 어떻게 해야 보현행을 속히 성취합니까?'라고 물으라. 덕운비구는 그대에게 말해줄 것이다."

선재동자는 이 말을 듣고 기뻐서 어쩔 줄을 몰랐다.

문수보살에게 엎드려 절하고, 무수히 돌고 말없이 우러르고, 눈물을 흘리면서 하직하고 남쪽으로 떠났다.

선재동자는 덕운비구를 찾아가 엎드려 절하고 오른쪽으로 세 번 돌고 나서 여쭈었다.

"대성(大聖)이시여, 저는 이미 위없는 보리심을 발했으나 보살이 어떻게 보살행을 배우며, 어떻게 보살행을 닦으며, 어떻게 해서 보현행을 속히 성취할 수 있는지 알지 못합니다. 듣자오니 성자께서는 잘 가르쳐 주신다 하오니, 자비를 베푸시어 저에게 말씀해 주소서. 어떻게 하면 보살이 위없는 깨달음을 성취할 수 있습니까?"

덕운비구는 선재동자에게 말하였다.

"착하다. 선남자여, 그대가 이미 위없는 보리심을 발했고 또 보살행을 물으니 이것은 어려운 일 중에도 어려운 일이다. 이른바 보살행을 구하며, 보살의 경계(境界)를 구하며, 보살의 벗어나는 도를 구하며, 보살의 청정한 도를 구하며, 보살의 청정하고 광대한 마음을 구하며, 보살의 신통을 성취하기를 구한다. 보살의 해탈문이 보이기를 구하며, 보살이 세간에서 짓는 업을 나타내기를 구하며, 보살이 중생의 마음에 따라줌을 구하며, 보살의 생사와 열반문을 구하며, 보살이 유위(有爲)와 무위(無爲)를 관찰하되 마음에 집착이 없음을 구함이다.

선남자여, 나는 모든 부처님의 경계를 생각하여 지혜의 광명으로 두루 보는 법문은 얻었지만, 큰 보살들의 끝없는 지혜를 청정하게 수행하는 문이야 어떻게 알겠는가.

남쪽에 해문(海門)이라는 한 나라가 있는데 거기에 해운(海雲)비구가 있다. 그대는 그에게 가서 '보살이 어떻게 보살행을 배우며 보살도를 닦느냐'고 물으라. 그는 광대한 선근을 발하는 인연을 분별하여 말해 줄 것이다."

선재동자는 해운비구의 처소에 가서 그 발 앞에 엎드려 절하고 오른쪽으로 세 번 돌고 나서 합장하며 이와 같이 말하였다.

"성자시여, 저는 이미 위없는 보리심을 발하였고 또 위없는 지혜의 바다에 들고자 하오나, 보살이 어떻게 세속의 집을 버리고 여래의 집에 나는지를 아직 모르고 있습니다. 어떻게 생사의 바다를 건너 부처님의 지혜바다에 들어가며, 어떻게 범부의 자리를 떠나 여래의 자리에 들어가며, 어떻게 생사의 흐름을 끊고 보살행의 흐름에 들어가며, 어떻게 생사의 바퀴를 깨뜨리고 보살의 서원을 성취합니까?"

해운비구는 선재동자에게 말하였다.

"선남자여, 그대가 위없는 보리심을 발하였는가?"

선재동자는 대답했다.

"그렇습니다. 저는 이미 위없는 보리심을 발하였습니다."

해운비구가 말하였다.

"선남자여, 중생들이 선근(善根)을 심지 않으면 위없는 보리심을 낼 수 없으니 보문(普門)의 선근 광명을 얻어야 한다. 보리심을 발한다는 것은 대비심(大悲心)을 발하는 것이니, 모든 중생을 널리 구제하기 때문이다. 크게 인자한 마음을 내어 모든 세간을 다 같이 복되게 해야 하며,

안락한 마음을 내어 모든 중생들의 괴로움을 없애 주어야 하며, 이롭게 하는 마음을 내어 모든 중생들이 나쁜 업에서 떠나게 해야 하며, 애민심을 내어 두려워하는 이들을 다 수호해야 한다.”

이윽고 선재동자는 다시 선주(善住)비구 앞에 나아가 합장예배하고 이와 같이 말하였다.

“성자시여, 저는 이미 위없는 보리심을 발했지만, 보살이 어떻게 불법을 수행하며, 어떻게 불법을 쌓아 모으며, 어떻게 불법을 갖추며, 어떻게 불법을 익히며, 어떻게 불법을 키우며, 어떻게 불법을 모두 거두며, 어떻게 불법을 끝까지 구하며, 어떻게 불법을 깨끗이 다스리며, 어떻게 불법을 깨끗하게 하며, 어떻게 불법을 통달하는지 알지 못합니다. 들건대 성자께서는 잘 가르쳐 주신다 하오니, 사랑하고 가엾이 여기시어 저에게 말씀해 주소서.”

이때 선주비구는 선재동자에게 말하였다.

“착하다. 선남자여, 그대가 이미 위없는 보리심을 발했고, 이제 또 발심하여 불법과 모든 지혜의 법과 자연의 법을 구하는구나.

선남자여, 나는 다만 빨리 부처님께 공양하고 중생들을 성취시키는 데 걸림 없는 이 해탈문만을 알 뿐이다.

저 보살들은 대비계(大悲戒)와 바라밀계와 대승계, 보살이 중생을 도와 서로 응하는 계, 장애가 없는 계, 물러남이 없는 계, 보리심을 버리지 않는 계를 지니고 있다.

또 항상 불법으로써 상대할 이를 위한 계, 일체지(一切智)에 뜻을 두는 계, 허공과 같은 계, 모든 세간에 의지함이 없는 계, 허물이 없는 계, 손해 없는 계, 모자람이 없는 계, 섞임이 없는 계, 흐름이 없는 계, 뉘우침이 없는 계, 티끌을 벗은 계, 때를 벗은 계를 지닌다.

그러나 이와 같은 공덕을 내가 어떻게 다 알고 말하겠는가. 여기서 남쪽으로 가면 자재(自在)라는 성이 있고 그곳에 미가(彌伽)라는 장자가 있다. 그대는 마땅히 그에게 가서 '보살은 어떻게 보살행을 배우며 보살도를 닦는가'를 물으라."

선재동자는 일심으로 법의 광명인 법문을 생각하면서 깊은 믿음으로 나아갔다.

오로지 부처님을 생각하고 3보를 끊이지 않게 하며,

욕심을 떠난 성품을 찬탄하고 선지식을 생각하며, 삼세
(三世)를 두루 비추어 큰 원을 기억하며, 중생을 널리 구
제하되 유위(有爲)에 집착하지 않고 끝까지 모든 법의 성
품을 생각하였다.

선재동자는 여러 부처님의 도량에 모인 대중에게 집착
하지 않으면서 점점 남쪽으로 가다가 자재성에 이르러
미가장자를 찾았다.

미가장자는 선재동자에게 물었다.

"그대는 이미 위없는 보리심을 발하였는가?"

선재동자는 대답했다. "그렇습니다."

"착하다. 선남자여, 그대가 위없는 보리심을 발했구나.
위없는 보리심을 발한 사람은 모든 부처의 씨앗을 끊어
지지 않게 하며, 모든 부처님의 세계를 깨끗이 한다.

또 모든 중생을 성숙하게 하며, 모든 법의 성품에 통
달하게 되고, 모든 업의 종자를 깨닫게 되고, 모든 행이
원만하게 되며, 모든 큰 원을 끊이지 않게 되고, 탐욕을
떨쳐버린 성품을 사실대로 이해하고, 삼세의 차별을 분
명히 보고, 믿는 지혜가 영원하여 허물어짐이 없다. 보살

은 또 밝은 해와 같으니 지혜의 광명이 널리 비추기 때문이며, 수미산과 같으니 선근이 높이 솟아나기 때문이며, 밝은 달과 같으니 지혜의 빛이 나타나기 때문이다. 용맹스런 장수와 같으니 마군을 굴복시키기 때문이며, 임금과 같으니 불법의 성 중에서 자유자재하기 때문이며, 맹렬한 불과 같으니 중생들의 애착심을 태우기 때문이다.

또 큰 구름과 같으니 한량없이 오묘한 법리를 내리기 때문에, 때에 맞추어 내리는 비와 같으니 모든 믿음의 싹을 자라게 하기 때문이며, 뱃사공과 같으니 법 바다의 나루를 건네주기 때문이며, 다리와 같으니 생사의 흐름을 건너게 하기 때문이다.”

선재동자는 보살의 걸림 없는 지혜다라니의 광명으로 장엄한 문을 생각하면서 보살의 말씀, 심연 속으로 깊이 들어갔다. 선재동자는 12년을 다니다가 마침내 주림성(住林城)에 이르러 해탈장자를 만나게 되었다. 선재동자는 그의 앞에 엎드려 절하고 일어서서 합장한 후 말하였다.

“성자시여, 제가 오늘에야 선지식의 회상(會上)에 함께 하게 되었으니 제가 마침내 광대한 좋은 이익을 얻은 것입니다. 왜냐하면, 선지식은 보기도 어렵고 듣기도 어렵고, 출현도 어렵고 받들어 섬기기도 어렵고, 가까이 모시기도 어렵기 때문입니다. 또 함께 대하여 뵙기도 어렵고, 만나기도 어렵고, 함께 있기도 어렵고, 기쁘게 하기도 어렵고, 따라다니기도 어려운데, 제가 이제 만났으니 이것이 어찌 좋은 이익을 얻은 것이 아니오리까? 듣건대 성자께서는 보살들을 잘 가르쳐 방편으로써 얻은 바를 밝히시고, 길을 보이시며 나루터를 일러주고 법문을 주신다고 하였습니다. 성자시여, 보살이 어떻게 보살행을 배우며 보살도를 닦으며, 닦아 익힌 것이 빨리 청정해지고 분명해지는지 저에게 말씀해 주소서."

이때 해탈장자가 삼매에서 일어나 선재동자에게 말하였다.

"선남자여, 마땅히 알아야 하리니 보살이 불법을 닦아 부처님의 세계를 청정케 하며, 미묘한 행을 쌓아 중생을 조복하며, 큰 서원을 발하여 온갖 지혜에 들어가 자재하게 유희하며, 불가사의한 해탈문으로 부처님의 깨달음을 얻으며, 큰 신통을 나타내고 모든 시방 법계에 두루 가며, 미세한 지혜로 여러 겁(劫)에 널리 들어가는 이런 것들이 다 자기의 마음으로 인해서다.

그러므로 선남자여, 마땅히 착한 법으로 자기 마음을 붙들고, 법의 물로 자기 마음을 적시고, 모든 환경에서 자기 마음을 깨끗이 다스리고, 자기 마음을 굳게 하라. 인욕으로써 자기 마음을 평온케 하고, 지혜의 증득으로 자기 마음을 결백케 하고, 지혜로써 자기 마음을 밝게 하고, 부처님의 자재함으로써 자기 마음을 개발하고, 부처님의 평등으로써 자기 마음을 너그럽게 하고, 부처님의 열 가지 힘으로써 자기 마음을 비추고 살펴야 한다.

나는 다만 이 여래의 걸림 없는 장엄해탈문에 드나들 뿐이다. 그러므로 저 보살마하살들은 걸림 없는 지혜를 얻고, 걸림 없는 행에 머물며, 모든 부처님을 항상 보는 삼매를 얻고, 열반의 틈에 머물지 않는 삼매를 얻었다.

또한 삼매의 보문(普門)경계에 통달하고, 삼세의 모든 법에 다 평등하고, 몸을 나누어 여러 세계에 두루하고, 부처님의 평등한 경계에 머물고, 시방세계의 경계가 다 앞에 나타남을 지혜로 관찰하여 분명히 안다. 몸 가운데 모든 세계가 이루어지고 무녀짐을 나타내어도, 자기 몸과 여러 세계가 둘이라는 생각을 내지 않는다. 이와 같이 미묘한 행을 내가 어떻게 알며 어떻게 말할 수 있겠는가."

선재동자는 일심으로 해탈장자의 가르침을 바로 생각하고, 그 가르침을 관찰하고, 그 불가사의한 보살의 해탈문을 기억하고, 불가사의한 보살의 지혜광명을 생각하고, 불가사의한 법계문(法界門)에 깊이 들어갔다.

그때 해당비구는 그 몸의 털구멍마다 아승지 세계의 티끌 수와 같은 광명을 발했다. 그 광명마다 아승지 색상(色相)과 아승지 장엄과 아승지 경계와 아승지 사업을 갖추어 시방의 모든 세계에 충만하였다.

이때 선재동자는 일심으로 해당비구를 관찰하면서 간절한 마음으로 그 삼매의 해탈을 생각하였다.

불가사의한 보살의 삼매를 생각하고, 중생을 이롭게 하는 불가사의한 방편을 생각하고, 불가사의하고 작용이 없는 보장엄문(普莊嚴門)을 생각하고, 법계를 장엄하는 청정한 지혜를 생각하고, 부처님의 가피를 받는 지혜를 생각하고, 보살의 자재(自在)를 내는 힘을 생각하고, 보살의 큰 원을 견고히 하는 힘을 생각하고, 보살의 모든 행을 넓히는 힘을 생각하였다.

선재동자는 찬탄하였다.

"성자시여, 희유하고 기이합니다. 이와 같은 삼매는 가장 깊고 가장 광대합니다. 성자시여, 이 삼매의 이름이 무엇입니까?"

해당비구는 말하였다.

"선남자여, 이 삼매의 이름은 넓은 눈으로 얼음을 버림[普眼捨得]이라 하고, 또는 반야바라밀 경계의 청정한 광명이라고도 하고, 모든 장엄을 완성한 청정문[普莊嚴淸淨門]이라고도 한다. 나는 반야바라밀을 닦았으므로 이와 같은 모든 장엄을 완성한 청정삼매 등과 같은 백만 아승지 삼매를 얻은 것이다.

선남자여, 나는 오로지 이 한 가지 반야바라밀 삼매의 광명만을 알 뿐이다. 그러므로 저 보살들은 지혜 바다에 들어가 법계의 경계를 깨끗이 하며, 모든 길에 통달하여 한량없는 세계에 두루하며, 총지(總持)에 자재하여 삼매가 청정하며, 신통이 광대하여 변재가 다함없으며, 여러 경지를 잘 말하여 중생의 의지처가 되는 일 등, 이같이 미묘한 행이야 내가 어떻게 다 알겠는가.

내가 어떻게 그 공덕을 말하며, 그 실천하는 바를 알며, 그 경계를 밝히며, 그 원력을 끝까지 마치며, 그 요문(要門)에 들어가며, 그 증득한 바를 통달하며, 그 진리에 이르는 길을 말하며, 그 삼매에 머물며, 그 심경을 보며, 그 가진 바 평등한 지혜를 얻겠는가."

그때 선재동자는 휴사청신녀가 미묘한 자리에 앉아 있는 것을 보고, 그곳에 나아가 발에 절하고 말하였다.

"성자시여, 저는 이미 위없는 보리심을 발했으나 아직도 보살이 어떻게 보살행을 배우고 어떻게 보살도를 닦는지 알지 못합니다. 듣자온즉 성자께서 잘 가르쳐 주신다 하오니 저에게 말씀해 주소서."

휴사청신녀는 말하였다.

"선남자여, 나는 오로지 보살의 한 해탈문을 얻었으니, 나를 보거나 듣거나 생각하고 나와 함께 있거나 공양하는 이는 모두 헛되지 않을 것이다. 만약 중생들이 선근을 심지 않으면 선지식의 거두어 줌을 받지 못하고 부처님의 보호를 받지 못할 것이니, 이런 사람은 끝내 나를 볼 수 없을 것이다. 중생이 나를 보게 되면 모두 위없는 깨달음에서 물러나지 않을 것이다."

선재동자는 휴사청신녀에게 말하였다.

"이 해탈의 이름은 무엇입니까?"

"이 해탈의 이름은 근심을 떠난 편안한 당[離憂安隱幢]이라 한다.

나는 다만 이 한 가지 해탈문을 알 뿐이지만, 저 보살마하살들은 그 마음이 바다와 같아서 모든 부처님의 법을 모두 다 받아들인다. 수미산과 같이 의지가 견고하여 흔들리지 않으며, 선견약(善見藥, 名藥: 눈으로 보면 눈이 청정해지고 약의 이름을 들으면 귀가 청정해지며 냄새를 맡으면 코가 청정해지며 먹으면 모든 병이 치유된다는 약)과 같아서 중생들의 무거운 번뇌병을 치료하며, 밝은 해와 같아서 중생의 무명 업장을 깨뜨리며, 대지(大地)와 같아서 모든 중생의 의지처가 된다.

좋은 바람과 같아서 모든 중생에게 이익을 주며, 밝은

등불과 같아서 중생들의 지혜광을 내며, 큰 구름과 같아서 중생들에게 적멸법(寂滅法)을 내리며, 밝은 달과 같아서 중생들에게 복덕의 빛을 놓으며, 하늘의 제석(帝釋)과 같아서 모든 중생을 수호한다. 이와 같은 일들을 내가 어떻게 알고 어떻게 그 공덕의 행을 말할 수 있겠는가."

그때 선재동자는 선지식에게 가장 존중하는 마음을 일으켜서 광대하고 청정한 이해를 내어, 항상 대승(大乘)을 생각하고 오로지 부처님의 지혜를 구하여 부처님 뵙기를 원하였다.

법의 경계를 관찰하되 걸림이 없는 지혜가 항상 앞에 나타나 모든 법의 실제(實際)와, 상주제(常住際)와, 모든 삼세의 찰나제(刹那際)와, 허공과 같은 사이[際]와, 둘이 없는 사이, 모든 법의 분별이 없는 사이, 모든 이치의 걸림이 없는 사이, 모든 겁의 무너지지 않는 사이, 모든 여래의 사이 없는 사이[無際之際]를 분명히 알았다.

선재동자는 점점 남쪽으로 가다가 사자분신성(師子奮迅城)에 이르러 여기저기 다니면서 자행동녀를 찾았다.

이 동녀는 사자당왕(師子幢王)의 딸인데 오백 동녀가 시종이 되어 비로자나장(藏) 궁전에 살면서 미묘한 법을 설한다고 했다. 이 말을 듣고 선재동자는 왕궁을 찾아가 자행동녀를 만나려고 하던 참인데, 무수한 사람들이 궁중으로 들어가는 것을 보았다. 사람들에게 어디로 가느냐고 물으니, 자행동녀에게 법을 들으러 간다고 하였다.

선재동자는 생각하기를, 이 왕궁의 문은 통제가 없으니 나도 이대로 들어가리라 하고 들어가 비로자나장 궁전을 보았다. 그 안에 있는 자행동녀는 살갗이 금빛이고 눈은 자줏빛을 띠고 있고 머리카락은 검푸르렀는데, 범천의 음성으로 법을 설하고 있었다. 선재동자는 앞으로 나아가 그의 발에 예배드리고 무수히 돌고 합장한 후 말하였다.

"성자시여, 저는 이미 위없는 보리심을 발했으나 보살이 어떻게 보살행을 배우고 어떻게 보살도를 닦아야 할지를 알지 못합니다. 성자께서 잘 가르쳐 주신다는 말을 듣고 찾아왔으니 말씀해 주소서."

자행동녀는 선재동자에게 말하였다.

"그대는 내 궁전의 장엄을 보라."

선재동자는 예배드리고 나서 두루 살펴보았다. 벽과 기둥, 거울과 마니보배와 장엄거리와 황금풍경마다 온 법계의 여래께서 처음 발심하여 보살행을 닦고 큰 서원을 가득 채워 바른 깨달음을 이루던 일이며, 미묘한 법을 설하시다가 열반에 드신 그런 일들이 영상처럼 나타났다.

마치 맑은 물속에 해와 달과 별 등 온갖 형상이 비치듯 하였다. 이런 현상은 모두 자행동녀가 과거세에 심은 선근의 힘이었다.

선재동자는 방금 궁전의 장엄에서 본 부처님들의 여러 가지 모습을 생각하면서 합장하고 자행동녀를 우러러보았다.

이때 자행동녀가 선재동자에게 말하였다.

"선남자여, 이것은 반야바라밀의 두루 장엄하는 문[普莊嚴門]이니 나는 항하사 부처님의 처소에서 이 법을 얻었다. 저 여래들께서 각기 다른 문으로써 나로 하여금 이 반야바라밀로 두루 장엄하는 문에 들게 하였으며, 한 부처님이 말씀하신 것은 다른 부처님이 거듭 말씀하지 않으셨다.

선남자여, 나는 다만 이 반야바라밀로 두루 장엄하는 해탈문을 알 뿐이다. 그러나 저 보살마하살들은 마음이 광대하기 허공과 같고, 법계에 들어가 복덕을 가득 채웠으며, 출세간법에 머물러 세간의 행을 멀리하였다.

또 지혜의 눈이 걸림없이 법계를 두루 관찰하며, 지혜의 마음이 광대하여 허공과 같으며, 모든 경계를 다 밝게 보며, 걸림 없는 지혜의 큰 광명장을 얻어 온갖 법과 뜻을 잘 분별한다. 세상의 법을 행하여도 세상에 물들지 않고, 세상을 이롭게 하되 세상을 훼손하지 않고, 모든 세상의 의지가 되어 중생의 마음을 두루 알고, 그들에게 알맞게 법을 설하고, 어느 때나 항상 자유자재하다. 내가 어떻게 이런 일들을 알며, 그 공덕의 행을 말할 수 있겠는가."

그때 선재동자는 선견비구에게 나아가 발에 예배드리고 허리를 굽혀 합장하고 말하였다.

"성자시여, 저는 이미 위없는 보리심을 발하여 보살행

을 구하고 있습니다. 들자오니 성자께서 보살도를 잘 열어 보이신다 하시니, 원컨대 보살이 어떻게 보살행을 배우며 어떻게 보살도를 닦아야 할지 저에게 말씀해 주소서."

선견비구는 대답하였다.

"선남자여, 나는 어리고 출가한 지도 오래 되지 않지만, 이승에서 38 항하사 부처님의 처소에서 범행(梵行)을 깨끗이 닦았다. 어떤 부처님 처소에서는 하루 낮 하룻밤에 범행을 닦았고, 어떤 부처님 처소에서는 7일 7야 동안 범행을 닦았으며, 또 다른 부처님 처소에서는 반 달, 한 달 혹은 1년, 10년을 지내기도 했었다. 이러는 동안 미묘한 법문을 듣고 그 가르침을 받들어 행하며, 모든 서원을 장엄하고 증득할 곳에 들어가 온갖 행을 닦아 6바라밀을 가득 채웠다.

또 그 부처님들의 성도와 설법이 각기 다르지만 어지럽지 않고, 남기신 가르침을 지니고 열반에 드시기까지를 보았다.

또 그 부처님들의 본래 세운 서원과 삼매의 원력으로

모든 불국토를 깨끗이 장엄하며, 일체행(一切行) 삼매에 들어간 힘으로 모든 보살행을 청정하게 닦고, 보현(普賢)의 법인 벗어나는 힘으로써 여러 부처님의 바라밀을 청정히 하심을 알았다."

그때 선재동자는 자재주(自在主)동자의 발에 예배드리고 오른쪽으로 무수히 돌고 합장·공경하면서 한쪽에 서서 말하였다.

"성자시여, 저는 이미 위없는 보리심을 발했으나 보살이 어떻게 보살행을 배우며 보살도를 닦아야 할지를 알지 못하니 원컨대 말씀해 주소서."

자재주동자가 말하였다.

"선남자여, 나는 보살의 계산법을 안다. 보살의 계산법으로 한량없는 유순의 광대한 모랫더미를 계산하여 그 안에 있는 알맹이 수효를 모두 알고, 동서남북 등 시방에 있는 모든 세계의 갖가지 차별과 차례로 머물러 있음을 계산하여 안다.

시방에 있는 모든 세계의 넓고 좁고 크고 작은 것이며 그 이름과 그 가운데 있는 모든 겁의 이름, 모든 부처님의 이름, 모든 법의 이름, 모든 중생의 이름, 모든 업의 이름, 모든 보살의 이름, 모든 진리의 이름을 다 분명히 안다.

나는 다만 이 온갖 공교한 큰 신통과 지혜광명 법문만을 알 뿐이다. 그러나 저 보살마하살은 모든 중생의 수효를 알고, 모든 법의 종류와 수를 알며, 모든 법의 차별된 수를 알고, 모든 삼세의 수도 안다.

또 모든 중생의 이름을 알고, 모든 법의 이름을 알고, 모든 여래의 수를 알고, 모든 여래의 이름을 알고, 모든 보살의 수를 알고, 모든 보살의 이름을 알고 있거늘 내가 어떻게 그 공덕을 말하고, 그 수행을 보이겠는가.

또 내가 어떻게 그 경지를 드러내며 그 뛰어난 힘을 찬탄하며 그 좋아함을 말하겠는가. 그리고 그 도를 돕는 것을 말하며, 그 큰 원을 나타내며, 그 미묘한 행을 찬탄하며, 그 바라밀을 열어 보이며, 그 청정함을 연설하며, 그 뛰어난 지혜광명을 펼 수 있겠는가."

그때 선재동자는 보안(普眼)장자의 앞에 나아가 예배드리고 합장한 후 말하였다.

"성자시여, 저는 이미 위없는 보리심을 발했지만, 보살이 어떻게 보살행을 배우며 어떻게 보살도를 닦는지를 알지 못합니다."

장자는 말하였다.

"착하다, 선남자여, 그대가 위없는 보리심을 발했구나. 나는 모든 중생의 여러 가지 병을 안다. 나는 풍병·황달·해소·열병·귀신과 독충·수재·화재로 인해 생기는 온갖 병을 모두 방편으로 치료한다. 누구든지 병이 있는 이가 내게 오면 다 치료하여 낫게 하며, 향탕으로 목욕시키고 향과 꽃과 영락과 좋은 옷으로 갈아 입히고, 음식과 재물을 보시하여 아쉬움이 없게 한다. 그런 다음 그들에게 알맞은 법을 말해 준다.

탐욕이 많은 이에게는 부정관(不淨觀)을 가르치고, 남을 미워하고 성을 잘 내는 이에게는 자비관(慈悲觀)을 가르치며, 어리석음이 많은 이에게는 여러 가지 법의 모양을 분별하도록 가르치고, 이 세 가지가 균등한 이에게는 아주 뛰어난 법문을 보여준다.

그들에게 부처의 거룩한 모습을 갖추게 하려고 보시

바라밀을 찬탄하고, 부처의 깨끗한 몸을 얻어 온갖 곳에 이르게 하려고 지계바라밀을 찬탄하고, 부처의 청정 불가사의한 몸을 얻게 하려고 인욕바라밀을 찬탄하고, 여래의 이길 이 없는 몸을 얻게 하려고 정진바라밀을 찬탄하고, 청정하고 견줄 데 없는 몸을 얻게 하려고 선정바라밀을 찬탄하고, 여래의 청정한 법신을 드러내려고 반야바라밀을 찬탄한다."

그때 선재동자는 무염족왕의 처소에 나아가 그의 발에 예배드리고 말하였다.

"성자시여, 저는 이미 위없는 보리심을 발했으나, 보살이 어떻게 보살행을 배우며 어떻게 보살도를 닦는지를 알지 못합니다. 성자께서는 잘 가르쳐 주신다 하오니 말씀해 주소서."

왕이 선재동자에게 말하였다.

"선남자여, 나는 보살의 여환해탈(如幻解脫)을 얻었노라. 내 국토에 있는 중생들이 살생과 도둑질과 내지는 그릇된 소견을 가진 이가 많아서, 다른 방편으로는 그들의 나쁜 업을 버리게 할 수가 없다. 나는 그들을 조복하기 위해 악인으로 변신, 온갖 죄악을 지어 갖가지 고통을 받는 장면들을 보여주었다. 중생들이 이를 보고 무섭고 두려워하며 싫어하고 겁을 내어, 나쁜 업을 끊고 위없는 보리심을 발하게 하려는 것이다.

나는 이와 같이 교묘한 방편으로써, 중생들이 열 가지 나쁜 업을 버리고 열 가지 착한 길에 머물러 항상 즐겁고 편안하게 하여 마침내 일체지(一切智)의 자리에 머물게 하려는 것이다.

선남자여, 나는 몸과 말과 뜻으로 짓는 일로써 아직까지 한 중생도 해친 적이 없다. 내가 차라리 무간지옥에 들어가 고통을 받을지언정 한순간이라도 모기 한 마리, 개미 한 마리일지라도 괴롭게 하려는 생각이 없는데 하물며 사람이겠는가. 사람은 복밭이다. 이는 모든 선한 법을 내기 때문이다.

나는 다만 이 여환해탈(如幻解脫)을 얻었을 뿐이다. 그러나 저 보살마하살은 생사가 없는 법의 지혜인 무생인(無生忍)을 얻어, 모든 세계가 허깨비 같고, 보살행이 다 요술과 같으며, 모든 세간이 그림자 같고, 모든 법이 꿈과 같은 줄을 안다. 그래서 실상의 걸림 없는 법문에 들어가 제석천의 그물 같은 행을 닦고, 걸림 없는 지혜로 경계에 행하고, 모든 것이 평등한 삼매에 들어가 다라니에 자유자재를 얻는 일이야 내가 어떻게 알며 어떻게 그 공덕의 행을 말하겠는가."

그때 선재동자는 대광왕(大光王)의 발에 예배드리고 공경하여 오른쪽으로 무수히 돌고 합장하고 서서 말하였다.

"성자시여, 저는 이미 위없는 보리심을 발했으나 보살이 어떻게 보살행을 배우며, 어떻게 보살도를 닦는지 알지 못합니다. 듣자오니 성자께서 잘 가르쳐 주신다 하오니 저에게 말씀해 주소서."

왕이 말했다.

"선남자여, 나는 보살의 대자당행(大慈幢行)을 닦으면서 그것을 가득 채웠다. 나는 한량없는 부처님의 처소에서 이 법을 묻고 생각하고 관찰하고 닦아서 장엄하였다. 나는 왕이 되어서 이 법으로 가르치고, 또한 이 법으로 거두어 준다. 이 법으로 세상을 따라가고, 이 법으로 중생을 인도하고, 이 법으로 중생들에게 수행케 하고, 이 법으로 중생들이 나아가게 한다.

또 이 법으로 중생들에게 방편을 주고, 이 법으로 중생들이 익히도록 하고, 이 법으로 중생들이 행을 일으키게 하고, 이 행으로 중생들이 법의 성품에 머물러 생각케 한다. 또 이 법으로써 중생들이 인자한 마음에 머물러 인자함으로 근본을 삼아 인자한 힘을 갖추게 한다.

이와 같이 이로운 마음, 안락한 마음, 가엾이 여기는 마음, 거두어 주는 마음, 중생을 보호하며 버리지 않는 마음, 중생의 고통을 제거하는 데 게으른 마음이 없게 한다.

나는 이 법으로써 모든 중생들이 끝까지 즐겁고 항상 기뻐하며, 몸에는 고통이 없고, 마음에는 시원함을 얻게 한다. 또 이 법으로써 생사의 애착을 끊고 바른 법의 낙을 즐거워하며, 번뇌의 때를 씻고 악업의 장애를 깨도록 한다. 생사의 흐름을 끊고 진실한 법의 바다에 들어가며, 모든 윤회의 길을 끊고 온갖 지혜를 구하며, 마음 바다를 깨끗이 하여 무너지지 않는 믿음을 내게 한다. 나는 이와 같이 이 대자당행에 머물러 바른 법으로써 세상을 교화한다."

선재동자는 왕의 발에 예배드리고 무수히 돌고 우러르며 하직하고 길을 떠났다.

선재동자는 앞으로 나아가다가 누각성에 이르렀다. 한 뱃사공이 성문 밖 바닷가에서 수많은 상인과 사람들에게 둘러싸인 채, 큰 바다의 법을 말하면서 부처님의 공덕 바다의 방편을 일러 주고 있었다. 선재동자는 그 앞에 나아가 발에 예배드리고 무수히 돌고 합장한 후 말하였다.

"성자시여, 저는 이미 위없는 보리심을 발했지만, 보살이 어떻게 보살행을 배우며 어떻게 보살도를 닦는지 알지 못합니다. 듣자오니 성자께서 잘 가르쳐 주신다 하오니 말씀하여 주소서."

뱃사공이 말하였다.

"착하다, 선남자여. 그대가 이미 위없는 보리심을 발했고, 이제 또 큰 지혜를 내는 근원을 묻는구나.

모든 생사의 괴로움을 끊는 인(因)과 온갖 지혜의 큰

보물섬에 가는 인, 무너지지 않는 대승(大乘)을 성취하는 인, 이승(二乘)들이 생사를 두려워하고 고요한 삼매의 소용돌이에 머무름을 멀리 떠나는 인, 큰 원의 수레를 타고 모든 곳에 두루하여 보살행을 행하여도 장애가 없는 청정한 도의 인, 보살행으로 깨뜨릴 수 없는 지혜를 장엄하는 청정한 도의 인, 모든 시방세계의 법을 두루 살펴도 장애가 없는 청정한 도의 인, 온갖 지혜의 바다에 빨리 들어가는 청정한 도의 근원을 묻는구나.

선남자여, 나는 이 성의 바닷가에 있으면서 보살의 대비당행(大悲幢行)을 깨끗이 닦았다.

나는 염부제에 있는 가난한 중생들을 이롭게 하려고 온갖 고행을 닦았다.

그들의 소원을 모두 만족케 하는데, 먼저 세상 물건을 주어 마음을 채워준 후, 다시 법의 제물을 베풀어 환희케 한다. 복덕의 행을 닦게 하고, 지혜를 내게 하고, 선근의 힘을 북돋우고, 보리심을 일으키게 하고, 보리의 원을 맑게 하고, 대비력(大悲力)을 견고케 한다. 생사를 없애는 도를 닦게 하고, 생사를 싫어하지 않는 행을 내게 하고,

모든 중생들을 거둬 주게 하고, 모든 공덕을 닦게 하고, 모든 법을 비추게 하고, 모든 부처님들을 보게 하고, 일체지의 지혜에 들어가게 한다.

어떤 중생이 내 몸을 보거나 내 법을 듣는 이는 영원히 생사의 바다를 무서워하지 않고, 온갖 지혜의 바다에 들어가 애욕의 바다를 말리고, 지혜의 광명으로 삼세의 바다를 비추며 모든 중생의 고통 바다를 끝나게 한다.

모든 중생의 마음 바다를 맑히고, 모든 세계의 바다를 빨리 청정하게 하며, 시방의 큰 바다에 들어가 중생의 근기를 알고, 모든 중생의 수행을 알고, 모든 중생의 마음에 두루 따른다.

선남자여, 나는 다만 이 대비당행(大悲幢行)을 얻었으므로, 나를 보거나 내 음성을 듣거나 나와 함께 있거나 나를 생각하는 이는 모두 헛되지 않게 한다.

그러나 저 보살마하살들은 생사의 바다에 다니면서도 모든 번뇌에 물들지 않고, 허망한 소견을 버리며, 모든 법의 성품을 살피고, 네 가지 거두어 주는 법으로 중생들을 제도한다.

이미 온갖 지혜의 바다에 머물러 모든 중생의 애착을 없애고, 모든 시간에 평등하게 있으면서 신통으로 중생들을 제도하고, 때를 놓치지 않고 중생들을 조복하는 일을 내가 어떻게 알며 어떻게 그 공덕을 말할 수 있겠는가."

그때 선재동자는 사자빈신비구니에게 합장하고 서서 말하였다.

"성자시여, 저는 이미 위없는 보리심을 발했으나 보살이 어떻게 보살행을 배우며 어떻게 보살도를 닦는지 알지 못합니다. 원컨대 저에게 말씀해 주소서."

비구니가 말했다.

"선남자여, 나는 모든 지혜를 성취하는 해탈을 얻었다."

"어째서 모든 지혜를 성취한다고 합니까?"

"이 지혜의 광명은 잠깐 사이에 삼세의 모든 법을 비추기 때문이다."

"성자시여, 이 지혜의 광명은 그 경지가 어떻습니까?"

사자빈신비구니가 말하였다.

"나는 모든 중생을 보아도 중생이라는 분별을 내지 않으니 지혜의 눈으로 보기 때문이다.

온갖 말을 들어도 말이라는 분별을 내지 않으니 마음에 집착이 없기 때문이며, 여래를 뵙고도 여래라는 분별을 내지 않으니 법신을 통달했기 때문이며, 모든 법륜을 주지(住持)하면서도 법륜이라는 분별을 내지 않으니 법의 자성(自性)을 깨달았기 때문이며, 한 생각에 일체 법을 두루 알면서도 일체 법이라는 분별을 내지 않으니 법이 허깨비 같음을 알았기 때문이다.

선남자여, 나는 다만 일체지를 성취하는 해탈을 알 뿐이다. 그러나 저 보살마하살들은 마음에 분별이 없어 모든 법을 두루 안다. 한 몸이 단정히 앉아서도 법계에 가득하며, 자신의 몸속에 모든 세계를 나타내며, 잠깐 동안에 모든 부처님 계신 데 나아가며, 자신의 몸속에서 모든 부처님의 신통력을 나타내며, 한 생각에 말할 수 없이 많은 중생들과 함께 있으며, 한 생각에 말할 수 없이 많은 겁(劫)에 들어가는 일이야, 내가 어떻게 알며 그 공덕의 행을 어떻게 말할 수 있겠는가."

그때 선재동자는 바수밀다여인 앞에 나아가 예배드리고 합장한 후 말하였다.

"성자시여, 저는 이미 위없는 보리심을 발했지만, 보살이 어떻게 보살행을 배우며 어떻게 보살도를 닦는지를 알지 못합니다. 듣자오니 성자께서 잘 가르쳐 주신다 하오니 원컨대 말씀해 주소서."

바수밀다여인이 말하였다.

"선남자여, 나는 탐욕의 굴레를 벗어난 해탈을 얻었다. 나는 모든 중생의 욕락(欲樂)을 따라 현신(現身)하는데, 천인이 나를 볼 때에는 나는 천녀가 되어 모양과 광명이 견줄 데 없이 뛰어나며, 이와 같이 인비인(人非人)이 볼 때에는 나도 인비인(人非人)의 여인이 되어 그들의 욕락대로 나를 보게 한다.

어떤 중생이 애욕에 얽매여 내게 오면, 나는 그에게 법을 말하여 탐욕이 사라지고 보살의 집착 없는 경계의 삼매를 얻게 한다. 어떤 중생은 잠깐만 나를 보아도 탐욕이 사라지고 보살의 환희삼매를 얻는다. 어떤 중생은 잠깐만 나와 이야기하여도 탐욕이 사라지고 보살의 걸림

없는 음성삼매를 얻는다. 어떤 중생은 잠깐만 내 손목을 잡아도 탐욕이 사라지며 보살의 모든 부처 세계에 두루 가는 삼매를 얻는다.

어떤 중생이 잠깐만 나를 관(觀)해도 탐욕이 사라지고 보살의 고요하게 장엄한 삼매를 얻으며, 어떤 중생은 잠 깐만 내가 팔을 펴는 것을 보아도 탐욕이 사라지고 보살이 외도를 굴복시키는 삼매를 얻으며, 어떤 중생은 내 눈이 깜짝이는 것을 보기만 해도 탐욕이 사라지고 보살이 구하는 부처님의 경계, 광명삼매를 얻는다.

또 어떤 중생이 나를 끌어안으면 탐욕이 사라지고 보살이 모든 중생을 거두어 주면서 떠나지 않는 삼매를 얻으며, 어떤 중생은 내 입술을 한 번만 맞추어도 탐욕이 사라지고 보살이 모든 중생의 복덕이 늘어나게 하는 삼매를 얻는다.

이와 같이 중생들이 나를 가까이 하면 모두 탐욕을 떠나는 틈에 머물러 보살의 온갖 지혜가 앞에 나타나는 걸림 없는 해탈에 들어간다."

그때 선재동자는 관자재보살의 발에 예배드리고 오른

쪽으로 무수히 돌고 합장하고 서서 말하였다.

"성자시여, 저는 이미 위없는 보리심을 발했지만, 보살이 어떻게 보살행을 배우며 어떻게 보살도를 닦는지 알지 못합니다. 듣건대 성자께서 잘 가르쳐 주신다 하오니 저에게 말씀해 주소서."

관자재보살이 말하였다.

"착하다. 선남자여, 그대는 이미 위없는 보리심을 내었구나. 나는 보살의 대비행(大悲行) 해탈문을 성취하였다. 나는 끊임없이 이 대비행의 문으로 모든 중생을 평등하게 인도한다.

나는 대비행의 문에 머물러 항상 모든 여래의 처소에 있으며, 모든 중생의 앞에 두루 나타난다. 보시로써 중생을 거두어 주기도 하고, 사랑스런 말과 이롭게 하는 행과 같은 일로써 중생을 거두어 주기도 한다.

또 육신을 나타내어 중생을 거두어 주기도 하고, 온갖 불가사의한 빛과 맑은 광명을 나타내어 중생을 거두어 주기도 하며, 음성과 위의와 설법으로써 거두어 주기도 하며, 신통변화를 나타내기도 하며, 그 마음을 깨달게 하여 성숙시키기도 하며, 같은 형상으로 변화하여 함께 있으면서 성숙케 하기도 한다.

선남자여, 나는 이 대비행문을 수행하여 항상 모든 중생을 구호하려고 한다. 모든 중생이 험난한 길의 두려움에서 벗어나기를 원하며, 번뇌의 두려움에서 벗어나고, 미혹의 두려움에서 벗어나고, 속박의 두려움에서 벗어나고, 살해의 두려움에서 벗어나고, 가난의 두려움에서 벗어나기를 원한다.

또 생활하기 어려운 두려움에서 벗어나고, 악명의 두려움에서 벗어나고, 죽음의 두려움에서 벗어나고, 대중의 두려움에서 벗어나고, 나쁜 길의 두려움에서 벗어나고, 암흑의 두려움에서 벗어나기를 원한다.

또 옮겨 다니는 두려움에서 벗어나고, 사랑하는 이와 헤어지는 두려움에서 벗어나고, 원수를 만나는 두려움에서 벗어나고, 몸을 핍박하는 두려움에서 벗어나고, 마음을 핍박하는 두려움에서 벗어나고, 걱정과 슬픔의 두려움에서 벗어나기를 원한다. 또 중생들이 나를 생각하거나 내 이름을 부르거나 내 모습을 보게 되면, 다 모든 두려움에서 벗어나기를 원한다.

선남자여, 나는 이와 같은 방편으로 중생들을 두려움에서 벗어나게 하고, 다시 가르쳐서 위없는 보리심을 발하고 영원히 물러나지 않게 한다.

나는 다만 보살의 대비행문을 얻었을 뿐이다. 그러나 저 보살마하살들은 보현의 모든 원을 맑게 하고 보현의 모든 행에 머물러 있으면서, 온갖 착한 법을 항상 행하고, 모든 삼매에 항상 들어가고, 모든 그지없는 겁(劫)에 항상 머문다. 모든 삼세 법을 항상 알고, 모든 끝없는 세계에 항상 가고, 모든 중생의 악을 항상 쉬게 하고, 모든 중생의 선을 항상 늘게 하고, 모든 중생의 생사의 흐름을 항상 끊는 일이야 내가 어떻게 알며 그 공덕의 행을 어떻게 말할 수 있겠는가."

그때 선재동자는 적정음해(寂靜音海)주야신의 발에 예배드리고 무수히 돌고 합장한 후 말하였다.

"성자시여, 저는 이미 위없는 보리심을 발했습니다. 저는 선지식을 의지하여 보살행을 배우고 보살행에 들어가고 보살행을 닦고 보살행에 머물고자 하오니, 원컨대 자비로 가엾이 여기시고, 저를 위해 보살이 어떻게 보살행을 배우며 어떻게 보살도를 닦는지 말씀해 주십시오.”

적정음해주야신이 선재동자에게 말하였다.

“착하다. 선남자여, 그대가 선지식을 의지하여 보살행을 구하는구나. 나는 보살의 생각 생각마다 광대한 기쁨을 내는 장엄 해탈문을 얻었노라.”

선재동자가 말했다.

“성자시여, 그 해탈문은 어떤 일을 하며, 어떤 경계를 행하며, 어떤 방편을 일으키며, 어떤 관찰을 합니까?”

적정음해주야신이 말하였다.

“선남자여, 나는 청정하고 평등함을 좋아하는 마음을 내었다. 나는 또 모든 세간의 티끌을 떠나 청정하고 견고하게 장엄하여 깨뜨릴 수 없는 좋아하는 마음을 내었으며, 불퇴전의 자리와 관계하여 영원히 퇴전하지 않을 마음을 내었으며, 공덕 보배의 산을 장엄하여 동요되지 않는 마음을 내었다.

나는 머무는 곳이 없는 마음을 내었으며, 모든 중생 앞에 두루 나타나 구호하는 마음을 내었으며, 모든 부처님 바다를 보고도 만족할 줄 모르는 마음을 내었으며, 모든 보살의 청정한 원력을 구하는 마음을 내었으며, 큰 지혜의 광명 바다에 머무는 마음을 내었다.

어떤 중생이 탐욕이 많으면 나는 그에게 부정관문(不淨觀門)을 설하여 생사의 애착을 버리게 하고, 어떤 중생이 성내는 일이 많으면 나는 그에게 대자관문(大慈觀門)을 설하여 부지런히 닦는 데 들어가게 하고, 어떤 중생이 어리석은 짓을 많이 하면 그에게 법을 설하여 밝은 지혜를 얻어 모든 법의 바다를 보게 하고, 어떤 중생이 삼독을 행하면 그에게 법을 설하여 여러 가르침의 바다에 들게 한다.

어떤 중생이 생사의 낙을 좋아하면 법을 설하여 싫어서 떠나게 하고, 어떤 중생이 생사의 고통을 싫어하여 여래의 교화를 받을 만하면 법을 설하여 방편으로 일부러 태어나게 하고, 어떤 중생이 5온(五蘊)에 애착하면 법을 설하여 의지함이 없는 경지에 머물게 한다. 어떤 중생이 그 마음이 옹졸하면 나는 그에게 훌륭하게 장엄한 도를 보이고, 어떤 중생이 마음이 교만하면 그에게 평등한 법의 지혜를 말하고, 어떤 중생이 마음이 곧지 못하면 나는 그에게 보살의 곧은 마음을 말한다."

그때 선재동자는 구파여인에게 예배드리고 합장한 후 말하였다.

"성자시여, 저는 이미 위없는 보리심을 발했으나 보살이 어떻게 생사 중에 있으면서도 생사의 근심에 물들지 않으며, 법의 바탕[自性]을 깨달아 성문이나 벽지불의 자리에 머물지 않는지를 아직 모릅니다.

또 어떻게 하면 불법을 갖추고도 보살행을 닦으며, 보살의 자리에 있으면서 부처님 경계에 들어가며, 세상에서 초월해 있으면서 세상에 태어나며, 법신(法身)을 성취하고도 끝없는 갖가지 육신을 나타내며, 상(相)이 없는 법을 증득하고도 중생을 위해 모든 상을 나타내며, 법이 설할 것 없는 줄 알면서도 중생을 위해 법을 설하며, 중생이 공한 줄 알면서도 중생을 교화하는 일을 버리지 않으며, 부처님이 불생불멸임을 알면서도 부지런히 공양하여 물러가지 않으며, 모든 법이 업도 없고 과보도 없는 줄 알면서도 어째서 온갖 선행을 닦아 항상 쉬지 않는지를 아직 알지 못합니다."

구파여인이 선재동자에게 말하였다.

"장합니다. 선남자여, 당신이 이제 보살마하살이 마땅히 행해야 하는 법을 묻는군요. 보현의 모든 행원을 닦는 이라야 이와 같이 물을 수 있습니다. 자세히 듣고 잘 생각해 보십시오. 내가 부처님의 위신력을 빌어 당신에게 말하겠습니다.

선남자여, 보살이 열 가지 법을 성취하면 인드라 그물 같이 넓은 지혜 광명인 보살행을 가득 채우게 될 것입니다.

그 열 가지란, 선지식을 의지하고, 광대하고 뛰어난 이해를 얻고, 청정한 욕락을 얻고, 온갖 복과 지혜를 모으고, 여러 부처님 처소에서 법을 듣고, 마음에 항상 삼세 부처님을 버리지 않고, 모든 보살행과 같고, 모든 여래께서 보호하고 생각하고, 큰 자비와 서원이 다 청정하고, 지혜의 힘으로 모든 생사를 끊는 일들입니다.

불자여, 보살이 선지식을 가까이 섬기면 물러남이 없는 정진으로 다함이 없는 불법을 닦아서 냅니다. 보살은 열 가지 법으로 선지식을 가까이 섬기는데 그것은 이렇습니다. 자기의 몸과 목숨을 아끼지 않으며, 세상의 오락 기구를 탐내어 구하지 않으며, 모든 법의 바탕이 평등함을 알며, 모든 지혜와 서원에서 물러가거나 버리지 않으며, 모든 법계의 실상을 관찰하며, 마음은 항상 모든 존재의 바다를 버리고 떠나며, 법이 공한 줄 알고 마음에 의지함이 없으며, 모든 보살의 큰 원을 성취하며, 모든 세계 바다를 항상 나타내며, 보살의 걸림 없는 지혜를 맑게 닦는 일들입니다."

그때 선재동자는 천궁에 가서 천주광(天主光)왕녀에게 예배드리고 합장하고 서서 말하였다.

"성자시여, 저는 이미 위없는 보리심을 발했지만, 보살이 어떻게 보살행을 배우며 보살도를 닦는지 알지 못합니다. 듣건대 성자께서 잘 가르쳐 주신다 하오니 저에게 말씀해 주소서."

천녀가 답해 말했다.

"선남자여, 나는 보살의 해탈을 얻었으니, 그 이름은 걸림 없는 생각의 청정한 장엄입니다. 나는 이 해탈의 힘으로 지난 세상의 일을 기억합니다. 지나간 세월에 푸른 연꽃[靑蓮華]이라는 뛰어난 겁이 있었는데, 나는 그때 항하의 모래처럼 많은 부처님 여래께 공양하였습니다. 그 여래들께서 처음 출가할 때부터 내가 받들어 섬기고 공양하여, 절을 짓고 도구들을 마련했습니다.

또한 저 부처님들께서 보살로 어머니의 태에 있을 때와 탄생할 때, 일곱 걸음을 걸을 때, 크게 사자후를 토할 때, 동자의 몸으로 궁중에 있을 때, 보리수 아래서 정각을 이룰 때, 바른 법륜을 굴리며 부처님의 신통변화를 나타내어 중생들을 교화하고 조복할 때 여러 가지로 하시던 일들을, 초발심으로부터 법이 다할 때까지를 내가 다 똑똑히 기억하여 잊음이 없으며, 항상 눈앞에 나타나듯하여 잊지 않습니다.

또 기억되는 것은, 과거에 선지(善地)라는 겁이 있었는데 나는 그 겁에서 열 항하의 모래 수 같은 부처님 여래께 공양하였습니다. 또 과거에 묘덕(妙德)이라는 겁이 있었는데 나는 그때에도 한 세계의 티끌 수 같은 부처님 여래께 공양하였습니다.

이와 같이 항하의 모래 수 겁을 두고 내가 부처님·여래·응공·등정각을 항상 버리지 않았음을 기억하며, 저 모든 여래께서 이 걸림 없는 생각의 청정한 장엄인 보살의 해탈을 듣고, 받아 지니고 닦아 행하며 항상 잊지 않았습니다.

선남자여, 나는 다만 이 걸림 없는 생각의 청정한 해탈을 알 뿐입니다."

선재동자는 점점 남쪽으로 가다가 최적정(最寂靜)바라문의 마을에 이르렀다. 선재동자는 최적정바라문에게 예배드리고 합장 공경하면서 한쪽에 서서 말하였다.

"성자시여, 저는 이미 위없는 보리심을 발했지만, 보살이 어떻게 보살행을 배우며 보살도를 닦는지 알지 못합니다. 원컨대 저에게 말씀해 주소서."

최적정바라문이 말하였다.

"선남자여, 나는 보살의 해탈을 얻었으니 그 이름은 진실하게 원하는 말[誠願語]이다. 과거·현재·미래의 보살들이 이 말로써 위없는 깨달음에서 물러가지 않았다. 또한 지금 물러가지도 않고, 앞으로도 물러가지 않을 것이다. 나는 이 진실하게 원하는 말에 머물렀으므로 마음대로 하는 일이 모두 만족했다.

나는 다만 이 진실하게 원하는 말의 해탈을 알 뿐이다. 그러나 저 보살마하살들은 진실하게 원하는 말과 함께 다니고 멈춤에 어김이 없고, 그 말은 반드시 진실하여 허망하지 않으며, 한량없는 공덕이 여기에서 생기는 일이야, 내가 어떻게 알며 말할 수 있겠는가."

선재동자는 점점 남쪽으로 가다가 묘의화문성(妙意華門城)에 이르러 덕생동자와 유덕동녀를 만났다. 선재동자는 예배드리고 합장한 후 말하였다.

"성자들이시여, 저는 이미 위없는 보리심을 발했지만, 보살이 어떻게 보살행을 배우며 어떻게 보살도를 닦는지 알지 못합니다. 원컨대 자비를 베풀어 저에게 말씀해 주소서."

덕생동자와 유덕동녀가 선재동자에게 말하였다.

"선남자여, 우리는 보살의 해탈을 증득했으니 그 이름은 환주(幻住)입니다. 이 해탈을 얻었으므로 모든 세계가 다 환상[幻]처럼 머무는 것을 보는데 그것은 인연으로 생기기 때문입니다. 일체 중생이 다 환주와 같으니 업과 번뇌로 일어나기 때문이며, 일체 세간이 다 환주와 같으니 무명과 존재와 욕망 등이 서로 인연이 되어 생기기 때문이며, 모든 법이 다 환주와 같으니 '나'라는 소견 등 갖가지 환 같은 인연으로 생기기 때문이며, 일체 중생의 생멸과 생로병사와 근심과 슬픔과 고뇌가 모두 환주와 같으니 허망한 분별에서 생기기 때문입니다.

선남자여, 우리 두 사람은 다만 이 환주해탈을 알 뿐입니다.

선남자여, 당신은 한 가지 선을 닦고, 한 가지 법을 비추고, 한 가지 행을 행하고, 한 가지 원을 발하고, 한 가지 수기(授記)를 얻고, 한 가지 지혜에 머물러 구경(究竟)이라는 생각을 내지 마십시오. 한정된 마음[限量心]으로 여섯 바라밀을 행하거나 10지(十地)에 머무르거나 불국토를 맑히거나 선지식을 섬기려고 하지 마십시오.

왜냐하면 보살마하살은 한량없는 선근을 심어야 하고, 한량없는 깨달음의 도구를 모아야 하며, 한량없는 깨달음의 인(因)을 닦아야 하고, 한량없이 묘한 회향(廻

向)을 배워야 하며, 한량없는 중생계를 교화해야 하기 때문입니다.

또 한량없는 중생의 마음을 알아야 하고, 한량없는 중생의 뿌리를 알아야 하고, 한량없는 중생의 이해를 알아야 하고, 한량없는 중생의 행을 보아야 하고, 한량없는 중생을 조복해야 합니다.

또 한량없는 번뇌를 끊어야 하고, 한량없는 업의 버릇을 맑혀야 하고, 한량없는 사견(邪見)을 없애야 하고, 한량없이 물든 마음을 제거해야 하고, 한량없는 청정심을 발해야 하고, 한량없는 고통의 독화살을 뽑아야 하고, 한량없는 애욕의 바다를 말려야 하고, 한량없는 무명의 어둠을 깨뜨려야 하고, 한량없는 교만의 산을 허물어야 하고, 한량없는 생사의 결박을 끊어야 하고, 한량없는 존재의 흐름을 건너야 하고, 한량없이 태어나는 바다를 말려야 하고, 한량없는 중생들을 오욕의 진창에서 나오게 해야 하고, 한량없는 중생들을 3계의 감옥에서 떠나게 해야 하고, 한량없는 중생들을 성스러운 길에 있게 해야 합니다."

그때 선재동자는 합장공경하며 미륵보살마하살에게 말씀드렸다.

"큰 성자시여, 저는 이미 위없는 보리심을 발했으나 보살이 어떻게 보살행을 배우며 어떻게 보살도를 닦는지 알지 못합니다. 모든 여래께서 존자(尊者)에게 수기(授記)하시기를, 한 생[一生]에 위없는 보리를 얻으라 하셨습니다.

큰 성자시여, 보살이 어떻게 보살행을 배우며 어떻게 보살도를 닦아야, 그 닦고 배움에 따라 모든 불법을 빨리 갖출 수 있습니까? 또 어떻게 해야 염려되는 중생을 다 제도할 수 있으며, 세운 큰 원을 두루 채울 수 있으며, 일으킨 행을 두루 마칠 수 있으며, 모든 하늘과 사람들을 널리 위로할 수 있으며, 자신을 등지지 않고 3보(三寶)를 끊어지지 않게 하며, 모든 불보살의 종자를 헛되지 않게 하며, 모든 부처님의 법안(法眼)을 지닐 수 있습니까? 이와 같은 일들을 말씀해 주소서."

미륵보살마하살은 선재동자의 온갖 공덕을 칭찬하여 무량중생에게 보리심을 발하게 한 후, 선재동자에게 말하였다.

"착하다. 선남자여, 그대는 모든 세간을 이롭게 하기 위해, 일체 중생을 구호하기 위해, 모든 부처님 법을 부지런히 구하기 위해 위없는 보리심을 발한 것이다.

그대는 좋은 이익을 얻었고, 사람의 몸을 얻었고, 수명이 길고, 여래의 출현을 만났고, 문수사리 큰 선지식을 보았으니, 그대의 몸은 좋은 그릇이라 온갖 선근으로 윤택해졌다. 그대는 선한 법으로 유지되었으므로 이해와 욕구가 다 청정하였으며, 여러 부처님께서 함께 보호하고 염려한 바가 되었으며, 선지식들이 함께 거두어 주게 되었다.

왜냐하면 보리심은 씨앗과 같아 모든 불법을 내게 하며, 보리심은 좋은 밭과 같아 중생들의 깨끗한 법을 자라게 하며, 보리심은 대지와 같아 모든 세간을 지탱하며, 보리심은 맑은 물과 같아 모든 번뇌의 때를 씻어 주며, 보리심은 태풍과 같아 세간에 두루 걸림이 없다.

또 보리심은 타오르는 불과 같아 온갖 소견의 숲을 태우며, 보리심은 밝은 해와 같아 모든 세간을 두루 비추며, 보리심은 보름달과 같아 깨끗한 법이 다 원만하며, 보리심은 밝은 등불과 같아 갖가지 법의 광명을 발한다.

또한 보리심은 큰 산과 같아 모든 세간에서 우뚝 솟아 있으며, 보리심은 부처님의 탑과 같아 모든 세간에서 공양할 바이다.

선남자여! 보리심은 이와 같이 한량없는 공덕을 성취하는 것이니, 요약해 말하면, 보리심은 모든 불법의 공덕과 같다. 왜냐하면, 보리심은 보살의 행을 낳게 하니 과거·현재·미래의 여래가 모두 보리심에서 출현하기 때문이다. 그러므로 위없는 보리심을 내는 이는 이미 한량없는 공덕을 낸 것이며, 일체지의 길을 널리 거두어 가짐이다.

선남자여, 그대가 묻기를, 보살이 어떻게 보살행을 배우며, 보살도를 닦느냐고 했는데, 그대는 이 비로자나장 엄장 큰 누각에 들어가 두루 살펴보라. 곧 보살행을 배우는 것을 알게 될 것이고, 배우면 한량없는 공덕을 성취할 것이다."

이때 선재동자는 미륵보살마하살을 공경하며 오른쪽

으로 돌고 나서 여쭈었다.

"원컨대 성자께서 이 누각문을 열어 제가 들어가게 하소서."

미륵보살이 누각 앞에서 손가락을 퉁겨 소리를 내니 문이 곧 열리었다. 선재동자가 기뻐하며 들어가니 문이 곧 닫혔다. 선재동자가 누각 안을 살펴보니, 넓고 크기가 무한하여 허공과 같았다. 아승지 보배로 땅이 되고, 아승지 궁전과 아승지 문과 아승지 창호, 아승지 섬돌, 아승지 난간, 아승지 길이 모두 칠보로 되어 있었다.

또 그 가운데 한량없는 누각이 있었는데, 크고 넓고 화려하기가 허공과 같아서 서로 걸리지도 않고 어지럽게 섞이지도 않았다. 선재동자가 한 곳에서 모든 곳을 보듯이, 모든 곳에서도 다 이와 같이 보았다.

선재동자는 비로자나장엄장 누각이 이처럼 가지가지로 헤아릴 수 없이 자유자재한 경계를 보고 아주 기뻐했으며 몸과 마음이 유연해져서 모든 의혹이 사라졌다. 본 것은 잊지 않고 들은 것은 기억하며 생각이 어지럽지 않아 걸림 없는 해탈문에 들어갔다. 마음을 두루 움직이며 모든 것을 두루 보고 널리 예경하였다.

잠깐 머리를 숙이자 미륵보살의 위신력으로 인해 자신의 몸이 누각마다 두루하여 있음을 보았고, 갖가지 불가사의한 자재로운 경계를 보았다. 미륵보살이 처음 위없는 보리심을 발할 때의 이름과 그 집안과 선지식의 깨우침으로 선근을 심던 일들을 보았다.

또 미륵보살이 처음 자심(慈心)삼매를 증득하고 난 그때부터 자씨(慈氏)라고 부르던 일을 보기도 했고, 미륵보살이 묘행(妙行)을 닦으며 모든 바라밀을 이루던 일을 보기도 했고, 청정한 국토를 성취하는 것을 보고, 여래의 바른 교법을 보호하며, 큰 법사가 되어 무생인(無生忍)을 얻고, 어느 여래에게 위없는 보리의 수기(授記)를 받던 일을 보기도 하였다.

또 여러 누각의 사방 벽은 온갖 보배로 장식되었는데, 낱낱 보배에서는 미륵보살이 과거세에 보살도를 수행하던 일을 나타내었다. 자신의 손과 발 등 온갖 지체를 보시하고, 병든 이를 치료해 주고, 길을 잘못 든 이에게 바른 길을 가리켜 주고, 혹은 뱃사공이 되어 바다를 건네

주던 일들이 새겨져 있었다.

이때 선재동자는 잊어버리지 않는 기억력을 얻고, 시방을 보는 청정한 눈을 얻고, 잘 관찰하는 걸림 없는 지혜를 얻고, 보살들의 자재한 지혜를 얻고, 보살들의 지혜의 자리에 들어간 광대한 이해를 얻었기 때문에, 여러 누각 속에서 이와 같이 한량없고 불가사의하고 자재한 경계와 여러 가지로 장엄된 일들을 볼 수 있었다. 마치 사람이 꿈을 꾸면서 여러 가지 일들을 보는 것과 같았다.

그때 미륵보살마하살이 신통력을 거두고 누각 안으로 들어와 손가락을 퉁겨 소리를 내고 선재동자에게 말하였다.

"선남자여, 일어나라. 법의 바탕이 이와 같으니, 이는 보살의 모든 법을 아는 지혜의 인연이 나타난 현상이다. 이러한 자성(自性)이 환상과 같고 꿈과 같고 그림자 같고 영상 같아서 다 성취하지 못한다."

선재동자는 이때 손가락 퉁기는 소리를 듣고 삼매에서 깨어났다. 미륵보살이 다시 선재동자에게 말하였다.

"선남자여, 그대가 보살의 불가사의한 자재해탈에 머물러 삼매의 기쁨을 받았으므로, 보살의 신통력을 지니고 도를 돕는 데서 흘러나오는 원과 지혜로 나타난 여러 가지로 눈부시게 장엄한 궁전을 본 것이다. 보살의 행을 보고, 보살의 법을 듣고, 보살의 덕을 알고, 여래의 원을 이룬 것이다."

선재동자는 이렇게 생각하였다.

'나는 이제 반드시 보현보살을 뵙고 선근을 더욱 늘릴 것이며, 모든 부처님을 뵙고 보살의 광대한 경계에 대해 궁극적인 이해를 내어 일체지를 얻을 것이다.'

선재동자는 몸과 마음을 가다듬어 일심으로 보현보살을 보려고 분발하여 정진하며 물러나지 않았다. 넓은 눈으로 시방의 부처님과 보살들을 관찰하면서 보이는 것마다 다 보현보살을 뵙는다고 생각하였다.

지혜의 눈으로 도를 보니, 마음이 광대하기가 허공과 같았고, 대비(大悲)가 견고하기가 금강과 같았으며, 미래가 다하도록 보현보살을 따라다니면서 순간마다 보현행을 수순하여 닦으려 하였고, 지혜를 성취하고 여래의 경지에 들어 보현의 자리에 머물려고 하였다.

이때 문득 보니, 보현보살이 여래 앞에 있는 대중 가운데서 보련화 사자좌에 앉아 있었다. 여러 보살들이 에워싸고 있었는데 가장 뛰어나 세간에 견줄 이가 없고, 지혜의 경지는 한도 끝도 없어 헤아리기 어렵고 생각하기 어려워 삼세의 부처님과 같았으며, 보살들로서는 제대로 살펴볼 수 없었다.

다시 보니, 보현보살의 몸에서 모든 세계의 미진수 광명구름을 내어 법계와 허공계의 모든 세계에 두루하였고, 일체 중생의 괴로움과 근심을 없애어 보살들이 아주 기뻐하였다.

선재동자는 보현보살의 이와 같이 자재하고 신기한 경계를 보고 몸과 마음이 한량없이 기뻤다. 그리고 곧 열 가지 지혜바라밀을 얻었다.

즉, 순간마다 모든 부처님 세계에 두루하는 지혜바라밀, 순간마다 모든 부처님 처소에 나아가는 지혜바라밀, 순간마다 모든 여래께 공양하는 지혜바라밀, 순간마다 모든 여래의 처소에서 법을 듣고 받아 지니는 지혜바라밀, 순간마다 모든 여래의 법륜을 생각하는 지혜바라밀, 순간마다 모든 부처님의 불가사의한 큰 신통을 아는 지혜바라밀, 순간마다 한 마디 법을 말하시는데 오는 세상이 끝나도록 변재가 다하지 않는 지혜바라밀, 순간마다 깊은 반야로 모든 법을 관찰하는 지혜바라밀, 순간마다 모든 법계와 실상 바다에 들어가는 지혜바라밀, 순간마다 모든 중생의 마음을 아는 지혜바라밀, 순간마다 보현보살의 지혜와 행이 모두 앞에 나타나는 지혜바라밀 등이다.

선재동자가 이 열 가지 지혜바라밀을 얻은 뒤 보현보살이 바른손을 펴서 선재의 머리를 만졌고, 머리를 만진 뒤에는 곧 모든 세계의 빠짐없는 삼매문을 얻었다.

화
엄
경 해
설

1. 화엄경의 사상과 가르침

화엄경은 대승불교의 대표적인 경전으로 공간과 시간의 한정을 초월하여 비로자나불의 연화장법계(蓮華藏法界)와 석존의 깨달음이 일체임을 설하고 있는 대승불교의 웅대한 설계도라 할 수 있다.

대부분의 경전은 제목에 그 경전의 사상을 드러내고 있다. 그래서 경전 해설의 앞부분에 경전 제목에 대한 해설에 많은 부분을 할애하는 것이다.

화엄경(華嚴經)의 한역(漢譯) 경전의 원제는 《대방광불화엄경(大方廣佛華嚴經)》이다. 그리고 범어 경전의 원제는 Buddha-avataṁsaka-nama-mahāvaipulya-sūtra이다. 먼저 《대방광불화엄경》에 대해서 알아보고자 한다.

'대(大)'란 '크다'는 뜻이지만, 작다는 뜻을 가진 소(小)에 대비되는 의미가 아니라 불법(佛法)의 궁극까지 꿰뚫어 본[徹見] 무한절대(無限絕對)의 이법(理法)으로 진리 자체를 뜻한다.

'방광(方廣)'이란 넓이와 방향을 뜻하지만, 한정된 공간의 넓이나 방향을 가리키는 것이 아니라 연화장법계의 상즉상입(相卽相入)이 끊임없이 이루어지는 깨달음의 법계를 의미한다.

다시 말해서 화엄경은 시간과 공간의 한정을 완전히 초월한 깨달음의 경지에서 펼치고 있는 경전이다. 아울러 시간적·공간적 차별도 사라져버린 세계를 전개하면서도 존재와 존재의 불가사의한 상호융합이 이루어지는 원융무애의 경지를 보여주고 있는 것이다.

『화엄경』의 기본 입장은 갖가지 분별과 번뇌에 오염되어 있는 우리의 언어나 감각으로 이해될 수 있는 불법의 세계를 설하는 것이 아니다. 석가모니불이라는 깨달은 성인[覺者]의 명상을 통해서 시간과 공간의 한정에 의해서 제한받지 않는 광대한 불법의 세계가 설해지고 있는 것이다.

'화엄(華嚴)'의 범어 명칭은 간다뷔하(gaṇḍa-vyūha)이다. 간다(gaṇḍa)는 잡화(雜華)를 뜻하고, 뷔하(vyūha)는 '꾸미다,' '장엄(莊嚴)하다' '장식하다'를 의미한다. 즉 이름 없는 꽃을 포함한 수많은 종류의 꽃으로 아름답게 장식되어 있다는 것이다. 잡화, 이름 없는 온갖 꽃들에는 우리 중생 모두의 마음에서 피어나는 꽃들도 포함된다. 이렇듯 이름 없는 한 송이 꽃에서도 무한한 우주의 생명이 약동하고 있음을 깨닫는 것, 그것이 바로 화엄경의 메시지이다.

한편 꽃밭에 온갖 가지 꽃들이 어우러져 불편함 없이 공존하며 아름다운 세계를 이루고 있는 것처럼, 화엄의 세계는 인간을 포함한 수많은 생명들이 아름답게 공존하는 세계를 뜻한다. 사물과 사물, 일과 일 사이에 아무런 불편함 없이 공존한다는 화엄적 세계관을 '사사무애관(事事無碍觀)'이라고 한다.

화엄경은 불도를 이루기 위해 수행하는 구도자의 갖가지 수행 즉, 십신(十信)·10주(十住)·10행(十行)·십회향(十廻向)에 대해 체계적으로 설하고 있으며, 마음과 우주의 연기적(緣起的) 구조, 법계연기(法界緣起), 보현보살의 광대한 행원(行願), 선재동자(善財童子)의 53선지식 편력과 같은 대승불교의 근본 주제를 웅대한 스케일로 펼치고 있다. 다시 말해서 화엄경은 부처님께서 이루신 깨달음[正覺]을 근본 주제로 하여 '불도(佛道)의 실천이란 무엇인가?' '깨달음이란 무엇인가?' '일체 중생은 어떻게 깨달음에 이를 수 있는가?'라는 문제 제기와 아울러 깨달음을 이루는 수행 체계를 일깨워주는 일종의 수행의 나침반이자 지도라 할 수 있다.

특히 화엄경의 핵심은 법계연기(法界緣起) 사상인데, 법계의 우주만유는 떨어져서 각각 다른 것처럼 보이지만 실제로는 서로 다 관계를 맺고 있으며, 어느 것 하나도 홀로 존재하는 것은 없다는 것이다. 일체 모든 것을 서로서로 용납하여 받아들이고[相入] 서로서로 하나가 되어[相卽] 원융무애하고, 다함이 없다(無盡)는 법계연기 사상은 부처님이 깨달으신 내용과 무한의 세계관 및 보살행을 가장 잘 표현하고 있다 해도 과언이 아니다.

우리는 보통 이상과 현실은 합일(合一)될 수 없다고 한다. 그러나 현실과 이상의 합일뿐만 아니라 또 현실은 현실대로, 이상은 이상대로 자유자재로 움직이는[事事無碍] 화엄경의 사유방식은 다른 경전에서는 볼 수 없는 매우 독특한 사상이기도 하다. 뿐만 아니라 《화엄경》〈십회향품〉에서는 보살행을 행하는 이들에게 자기 자신을 수천 번이라도 버리는 헌신을 강조한다. 화엄경에서 설하고 있는 보살상은 그야말로 진정한 종교인의 모습이요, 대승불교의 궁극적인 지향점을 잘 보여주고 있다.

2. 사람은 누구나 구도 순례 길의 선재동자다.

화엄경의 맨 마지막 품인 〈입법계품〉은 전체 분량 중 약 1/4이라는 점만 봐도 화엄경의 핵심사상이 담겨 있음을 알 수 있다. 〈입법계품〉은 문수보살의 가르침에 의해 보리심을 일으킨 소년 선재(善財) 즉 선재동자(善財童子)가 열렬한 구도정신으로 오랜 세월에 걸쳐 53명의 선지식을 찾아다니며 보살도의 실천과 수행에 대해서 질문하고 선지식들의 인도로 깨달음으로 들어가는 내용으로 구성되어 있다. 53명의 선지식은 보살 4명, 비구 4명,

비구니 1명, 재가의 여신도 4명, 바라문(브라만교·힌두교의 사제) 2명, 이교도 1명, 선인(仙人) 1명, 신(神) 11명, 왕 2명, 장자 10명, 의사 1명, 뱃사공 1명, 부인 2명, 여인 1명, 소년 4명, 소녀 4명으로 구성되어 있다.

이 53명의 선지식 가운데에는 불교도들도 있지만 바라문 등 다른 종교인과 갖가지 직업을 가진 세상 사람들도 여러 명 포함되어 있다. 선재동자는 그 대상이 누구든 인생의 도(道)를 통달하여 자신에게 가르침을 베풀어 주기만 한다면, 성별이나 나이, 신분, 종교를 초월해서 진리를 물었다. 이와 같이 진리를 추구해 마지않는 열렬한 구도정신은 바로 세속의 번뇌에 물듦이 없이 꿋꿋한 마음을 지닌 '선재'라는 소년의 순진무구함에서 비롯된다. 그것은 곧 순진무구한 모든 소년들의 영원한 특권이기도 하다.

화엄사상 연구에 조예가 깊은 한 노학자는 일찍이 이렇게 말하고 있다.

"돌이켜 보건대 화엄경의 설법은 극히 하찮은 일상생활에서부터 끝없이 확대되며 전 우주의 공간을 포용하여 전

개되고 있는 영원의 세계관이었다. 이 세계관은 바로 우리들의 깨달음과 실천에 의해 끊임없이 심화됨으로써 그대로 비로자나불에 연결되어 있는 것이었다."

화엄경을 읽는 우리들 모두는 각각이 한 사람의 선재동자가 되어야 할 것이다. 우리들 모두의 인생은 불도를 향해 얼굴을 돌린 첫 마음 즉 초발심(初發心)으로부터 궁극적인 깨달음에 이르기까지의 전 과정 가운데 한 과정이다. 그리고 저마다의 인생을 반경으로 하는 원형(圓形)이며, 이 원형은 바로 초월적이고 내재적이면서도 삼라만상이 상즉상입(相卽相入, 서로 하나가 되어 공존)의 연화장법계에 포용되는 화엄의 세계를 표출해 내고 있다.

사람은 누구나 한 사람의 선재동자로서 자기 자신의 인생을 반경으로 하는 원형의 외곽으로부터 그 중심을 향해 걷고 있는 순례자이다. 그 원의 중심점에 도달했을 때 비로소 우리는 자기 자신이 바로 한 사람의 부처이며, 전 우주인 것을 깨달을 수 있을 것이다.

화엄경의 교리에서는 극소의 세계 속에 극대의 세계

가 내재되어 있다고 말한다[一卽多 多卽一]. 또 '하나의 털구멍 속에서 일체가 출현'하고, 하나의 털구멍 속에 원자의 수만큼이나 많은 세계, 모든 세계가 포함되어 있다[一微塵中含十方]고 한다. 또 시간적으로 한정되어 있는 한 찰나 속에 우주의 일체를 포함하는 의식을 긍정한다. 따라서 일념 속에서 일체 처에 두루 존재하므로, 자기 자신 속에서 일체 사물을 파악한다는 사상도 성립될 수 있었던 것이다[一念卽是無量劫].

오늘날 우리는 대승불교의 깊은 정신성(精神性)과 종교적 실천을 설하고 있는 화엄경을 숙독하지 않으면 안 될 시대적 필연성을 깨닫고 있다. 특히 급속한 변화의 시대에서 세대 간의 갈등, 계층 간의 갈등, 지역 간의 갈등 등 갖가지 갈등과 모순을 극복하고 함께 공존하고, 상생하기 위해서는 '화엄의 가르침'이 절대적으로 필요하다고 생각한다. 또한 분단국가의 숙명을 짊어지고 있는 우리 현대의 한국인은 화엄경이 가르치는 원융무애의 통일적 세계관에 기초한 창조적 자기 형성의 진리를 항상 닦고 실천해야 할 것이다.

역자 소개_ 김지견(金知見) 박사

한국 화엄학 연구의 선구자. 1963년 동국대 대학원을 졸업하였으며, 일본 고
마자와(驅澤)대학 및 도쿄대학(東京大學) 박사과정을 수료하였다.
1973년 도쿄대학에서 〈신라시대 화엄사상에 대한 연구〉로 박사학위를 받음.
동국대, 강원대, 한국정신문화연구원 교수를 역임하였다.
1977년 10여 년의 노력 끝에 발간한《균여대사 화엄학전서》는 한국 화엄의
독자성을 밝히는 동시에 일본 화엄종이 신라에서 전해졌음을 밝혔는데, 이
것은 일본학계에 큰 충격이었다.
1976년 대한전통불교연구원을 설립, 《화엄경》 강좌를 개설하고 《화엄경》을
번역(민족사)하였다. 2001년 향년 71세로 작고.

화엄경

초판 1쇄 발행 | 2016년 12월 30일   초판 5쇄 발행 | 2025년 2월 20일

옮긴이 | 김지견

펴낸이 | 윤재승   펴낸곳 | 민족사

주간 | 사기순   기획편집 | 정영주   기획홍보 | 윤효진   영업관리 | 김세정

출판등록 | 1980년 5월 9일 제1-149호
주소 | 서울 종로구 삼봉로 81 두산위브파빌리온 1131호
전화 | 02)732-2403, 2404   팩스 | 02)739-7565
홈페이지 | www.minjoksa.org
페이스북 | www.facebook.com/minjoksa
이메일 | minjoksabook@naver.com

ⓒ 김지견, 2016
ISBN 978-89-98742-80-5 (04220)